学びを豊かにする学校図書館

澤　利政

関西学院大学出版会

学びを豊かにする学校図書館

澤　利政

関西学院大学出版会

はじめに

　学校図書館は平成の教育改革に大きな役割を果たす可能性を秘めているが、学校教育の現場から確かな一歩をふみだすための学校図書館概論は少ない。今こそ、抽象的な啓蒙論や個々の事例報告だけでなく、日本の学校図書館の歴史的な経験の全体をふまえて整理し、新たな時代へ手渡すべきものをまとめるときである。この小著は、私が同志とともに、学校図書館の機能をわが国の教育風土に定着させることを目指して、半世紀にわたって実践してきた到達点である。さらに、ここ十数年にわたって、現職教員と大学生を対象に司書教諭課程を担当するなかで、受け継いで発展させてほしいと願っている課題について考察し続けた学習記録である。

　教育行政者、校長、教員、学校図書館に関心を寄せる人びと、特に、新しく司書教諭として仕事を始めようとする教員に、本書を、ぜひ手にしていただきたいと思う。第二次世界大戦後の日本の学校図書館50余年の歩みにかかわり、その紆余曲折のなかで、現実に埋没しないで、当初の理念を追求し続けてきた記録ともなっているからである。学校図書館に夢をもって現実の学校図書館に入ったとき、その貧しい現実に立ち尽くす人も多いだろうと想像されるが、本書は、その人びとを励まし、学びを豊かにする学校図書館を考える研修に役立てていただけると考える。本書には、具体的な事例や資料をそれぞれの論述のなかに収録しているが、それらはすべて、今も考える基本となり、日本の学校図書館の現状からの出発点となり得るものばかりである。

　まず、この半世紀の歩みと現状を簡単に振り返っておきたい。日本の学校図書館を考える共通の基盤の確認である。

　わが国の学校図書館は、第二次世界大戦後の新教育運動のなかで、児童生徒

の個性を伸ばし主体的な学習をすすめるために、学校教育に欠くことのできない制度として誕生した。学校図書館の原点について、1949年（昭和24年）8月に制定された「学校図書館基準」の「基本原則」では、「学校図書館は、学校教育の目的にしたがい、児童生徒のあらゆる学習活動の中心となり、これに必要な資料を提供し、その自発的活動の場とならなければならない」と述べている。

しかし、この第二次世界大戦後の昭和の教育改革は、新教育制度が緒についた時点で、占領政策の大きな転換のために、改革の方向を見誤ってしまった。1953年（昭和28年）8月、「学校図書館法」が公布されたが、この転換以後、日本の学校図書館は当初の理念をよみがえらせることができないまま、その後の歩みを続けることになる。

1955年以後の政治体制では、経済優先の思潮が、人びとに勝手気ままな民主主義の横行を許し、教育改革の挫折などは眼中になく、ひたすら経済の高度成長に奔走する。教育界は学校制度と学習内容の改編に終始し、一方では、人口の都市集中化現象のなかで、学校の増改築に追われていた。教育改革の旗手であった学校図書館は、すっかり、その流れに埋没してしまったのである。

55年体制のほころびのなかで、学校教育を充実するという理念よりも、多くの人びとに好感をもたれる行政施策として、1997年（平成9年）6月に「学校図書館法の一部改正」が44年ぶりに実現した。しかし、学校教育の根幹にかかわる改革でありながら、学校図書館の本質は追求されないままに、中途半端な改革に終わっている。その後も予想されたとおり、「学校図書館法」改正の際の「附帯決議」の検討も放置されており、司書教諭の発令も単なる校務分掌の任命になり、学校図書館法の改正は形骸化しようとしている。

教育行政にも、学校現場にも、学校図書館が学校教育の内容や方法を変革するという理念は生かされていない。学習指導要領の改正に象徴される学校教育の改革は前途が見えないのが現状であり、むしろ、改正の回を重ねるごとに、学校教育は混迷の度を深めているといっても過言ではない。

次に、歴史的に積み重ねてきた、日本の学校図書館の役割についての共通認識を述べておきたい。学校図書館の全体像とその理想の確認である。
　学校図書館は、教育課程の展開に寄与する学習センター、情報センター、読書センターであり、児童生徒が多様な学校図書館メディアを利用して、自ら学習活動、読書活動をすすめる教育機関である。学校教育の意図する「学び方を学ばせる教育」には、すべての教員が学校図書館メディアを利用する授業を実践することが必須の条件である。
　そして、学校図書館は教材センターであり、教員の授業計画、教材研究、児童生徒の学習活動、読書活動など、学校のすべての教育活動に資料を提供する奉仕機関である。どのような学校図書館メディアが、その学校の教科学習や読書学習に役立つ資料であるかを検討して、教育活動に必要な学校図書館メディアは、それぞれの学校図書館が整備しなければならない。
　さらに、学校図書館の研究は、学校図書館を利用する授業の研究である。どのような学校図書館メディアを利用して、どのような授業＝学習過程を構想するか、そのときどきの平面的な授業ではなく、全体が見通された立体的な授業が求められている。一人ひとりの教員が学校図書館の教育活動に果たす機能を改めて認識し、児童生徒が思ったこと、考えたこと、学んだことを発表して討論する、自己を発現する授業を開発しなければならないのである。

　さて、このような学校図書館を現場で担当する司書教諭の現状はどうであろうか。1997年（平成9年）6月の「学校図書館法」の改正以後、「学校図書館司書教諭講習規程」に基づいて多数の司書教諭を養成しているが、司書教諭に必要とされる履修科目の5科目をすべて取得した教員は少ない。受講教員の80％以上が、学校図書館の経験年数による履修科目の減免措置を受けて、「図書の整理」もしくは「学校図書館メディアの構成」の1科目のみを受講して資格を取得していると推定されている。学校教育において学校図書館の機能を活用する教育活動が見られない現状では、司書教諭の資格を取得したほとんどの教員が、学校図書館の意義と機能について学習する機会を逸している。自発的

な研修が望まれる所以である。

　司書教諭の一層の研鑽とともに、日本の学校図書館が、今、学校教育のなかに新たな根をおろすためには、校長、教員の学校図書館に対する深い理解と具体的な支援が決定的な意義をもっているのである。すべての教員が学校図書館の意義と機能についての研修を深め、学校図書館の機能や司書教諭と学校司書の仕事を必要とする学校教育の基盤を確立する意義を、共通に理解することが何よりも大切である。これもまた、それぞれの学校における日常的な努力の継続を願うばかりである。

　本書を、このために生かしていただきたく、各章の概要と意義をまとめておきたい。忙しい学校現場の時間のなかで、全体の関連のもとに、個々の問題を必要に応じて取り上げてくださることを願ったためである。

　〈第1章　新教育と学校図書館〉では、第二次世界大戦後の新教育運動のなかで、学校図書館が制度として誕生した経緯を検証することによって、当時の教育界が学校図書館に期待した意義と役割を明確にしようと試みた。学校図書館の半世紀にわたる歩みを学習すると、昭和の教育改革の歪みや今後に期待する教育改革の方向が見えてくる。

　〈第2章　学校のなかの図書館〉では、学校図書館は公共図書館の小型版ではなく、授業に必要な機能として学校に設置されているが、学校図書館を必要としない教育風土のなかでは、学校の一隅にある図書館の域を脱することができないままに今日に至っていることを確認した。この現実を認識して、教員が学校図書館の機能を活用する授業の必要性を理解することを願っている。

　〈第3章　学校図書館の経営〉では、学校には、各自治体が整備された学校図書館を設置することが当然の義務であるにもかかわらず、ほとんどの学校には、授業に利用できない脆弱な学校図書館しかないことを指摘した。学校は、自校の教育課程を基盤とした学校図書館の経営計画を策定し、学校図書館を構成する基本的要素である職員・資料・施設を、いつも十分に備えているようにしなければならない。

〈第4章　学校図書館を利用する授業〉では、学校図書館を利用する授業には、学校図書館メディアを利用する授業と利用教育の授業、読書教育の授業があることを考察して、その具体的な学習法について提案した。学校図書館を利用する授業を推進するためには、すべての教員が、まず、学校図書館を利用する授業を実践しようとする意志をもつことである。

〈第5章　学校図書館の運用〉では、学校図書館メディアの整備と学校図書館の活動が急務であることを主張した。学校図書館メディアは、教員と児童生徒が共有する教材群であることを認識して、そのための構成と組織化が重要である。教科学習、読書学習を豊かにするためには、学校図書館の支援活動、奉仕活動、行事活動を活発にする必要がある。

〈第6章　学校図書館の課題〉では、学校図書館の当面する課題を提起し、学校図書館の命運は、教師集団の自助努力に懸かっていることを提言した。教師集団の意識改革によって、学校図書館が学校教育の内容や方法を変革して、授業が変わり、学びを豊かにする拠点になることを期待している。

　学校教育の構造改革は、学校教育の制度や組織を繕う機構改革ではなくて、学校教育の原点に立って、自立する人間の育成を目指す学校教育の理念を共有することである。その理念のなかに学校図書館を位置づけるために、本書を役立ててくだされば幸いである。

学びを豊かにする学校図書館

目　次

はじめに　　　　　　　　　　　　　　　　　　　　　　　　　　1

第1章　新教育と学校図書館
　1　学校図書館の誕生　　　　　　　　　　　　　　　　　　　11
　2　米国教育使節団の勧告　　　　　　　　　　　　　　　　　13
　3　教育改革と学校図書館　　　　　　　　　　　　　　　　　16
　　⑴　学校教育法　　　　　　　　　　　　　　　　　　　　　16
　　⑵　学校教育法施行規則　　　　　　　　　　　　　　　　　17
　　⑶　学習指導要領　　　　　　　　　　　　　　　　　　　　17
　　⑷　コア・カリキュラム学習　　　　　　　　　　　　　　　18
　4　『学校図書館の手引』　　　　　　　　　　　　　　　　　20
　5　学校図書館法　　　　　　　　　　　　　　　　　　　　　23
　6　学校図書館基準　　　　　　　　　　　　　　　　　　　　27
　7　学校図書館の退潮　　　　　　　　　　　　　　　　　　　30
　　⑴　学習方法の未消化　　　　　　　　　　　　　　　　　　31
　　⑵　図書館学の未開拓　　　　　　　　　　　　　　　　　　31
　　⑶　学校図書館専門職員の不在　　　　　　　　　　　　　　31
　　⑷　学校図書館資料の不足　　　　　　　　　　　　　　　　32
　　⑸　普通教室への転用　　　　　　　　　　　　　　　　　　33
　　⑹　学習指導要領の改訂　　　　　　　　　　　　　　　　　33

第2章　学校のなかの図書館
　1　学校図書館の特性　　　　　　　　　　　　　　　　　　　35
　2　学校図書館の意義　　　　　　　　　　　　　　　　　　　37
　3　学校図書館の機能　　　　　　　　　　　　　　　　　　　38

4　学校図書館と学習指導要領　　　　　　　　　　　　41
　　⑴　教育思潮の変遷と学校図書館　　　　　　　　　　41
　　⑵　現行学習指導要領と学校図書館　　　　　　　　　46
第3章　学校図書館の経営
　　1　学校経営と学校図書館　　　　　　　　　　　　　　49
　　⑴　教育課程と学校図書館　　　　　　　　　　　　　49
　　⑵　学校図書館の経営計画　　　　　　　　　　　　　50
　　2　学校図書館の組織と職員　　　　　　　　　　　　　53
　　⑴　校務分掌と学校図書館　　　　　　　　　　　　　53
　　⑵　図書館部の組織　　　　　　　　　　　　　　　　57
　　⑶　職員の分担と職務　　　　　　　　　　　　　　　57
　　3　学校図書館の資料と経費　　　　　　　　　　　　　61
　　⑴　教育課程と学校図書館メディア　　　　　　　　　61
　　⑵　学校図書館メディアの種類　　　　　　　　　　　61
　　⑶　学校図書館の予算編成　　　　　　　　　　　　　64
　　⑷　経営報告と決算報告　　　　　　　　　　　　　　66
　　4　学校図書館の施設と設備　　　　　　　　　　　　　68
　　⑴　学校図書館の基本的な条件　　　　　　　　　　　68
　　⑵　学校図書館の備品　　　　　　　　　　　　　　　71
　　5　学校図書館の調査と評価　　　　　　　　　　　　　72
　　⑴　調査と統計　　　　　　　　　　　　　　　　　　72
　　⑵　評価と改善　　　　　　　　　　　　　　　　　　73
第4章　学校図書館を利用する授業
　　1　「学校図書館を利用する授業」の理念　　　　　　　79
　　2　学校図書館メディアを利用する授業　　　　　　　　84
　　3　学校図書館の利用教育　　　　　　　　　　　　　　89
　　⑴　利用教育の変遷　　　　　　　　　　　　　　　　89

(2) 利用教育の内容　　　　　　　　　　　　　　95
　　(3) 利用教育の計画　　　　　　　　　　　　　　97
　4　利用教育の授業　　　　　　　　　　　　　　　103
　5　学校図書館の読書教育　　　　　　　　　　　　110
　　(1) 学校教育における読書教育　　　　　　　　　110
　　(2) 多様なメディア時代の読書　　　　　　　　　111
　　(3) 読書教育の意義　　　　　　　　　　　　　　112
　　(4) 学校図書館の役割　　　　　　　　　　　　　113
　　(5) 読書能力の発達段階　　　　　　　　　　　　114
　　(6) 読書教育の指導段階　　　　　　　　　　　　115
　　(7) 読書教育の計画　　　　　　　　　　　　　　117
　6　読書教育の授業　　　　　　　　　　　　　　　117
　　(1) 動機づけ読書　　　　　　　　　　　　　　　118
　　(2) 読み聞かせ　　　　　　　　　　　　　　　　120
　　(3) 聞かせ読み　　　　　　　　　　　　　　　　120
　　(4) 朗読　　　　　　　　　　　　　　　　　　　121
　　(5) ブックトーク　　　　　　　　　　　　　　　121
　　(6) 共同読書　　　　　　　　　　　　　　　　　121
　　(7) 調べ読書　　　　　　　　　　　　　　　　　122
　　(8) 課題読書　　　　　　　　　　　　　　　　　123
　　(9) 読書記録　　　　　　　　　　　　　　　　　125

第5章　学校図書館の運用
　1　学校図書館メディアの構成　　　　　　　　　　135
　　(1) 図書資料の構成　　　　　　　　　　　　　　135
　　(2) 図書資料の選択　　　　　　　　　　　　　　138
　　(3) 図書資料の更新　　　　　　　　　　　　　　141
　2　学校図書館メディアの組織化　　　　　　　　　143

(1)　組織化の基本方針　　　　　　　　　143
　　(2)　図書資料の分類　　　　　　　　　　144
　　(3)　図書資料の目録　　　　　　　　　　150
　　(4)　図書資料の配架　　　　　　　　　　153
　3　学校図書館の活動　　　　　　　　　　　155
　　(1)　学校図書館の支援活動　　　　　　　156
　　(2)　学校図書館の奉仕活動　　　　　　　159
　　(3)　学校図書館の行事活動　　　　　　　163
第6章　学校図書館の課題
　1　司書教諭と学校司書の任務　　　　　　　165
　2　司書教諭の職務と授業　　　　　　　　　166
　3　学校図書館のボランティア　　　　　　　171
　4　司書教諭の発令と校内体制の確立　　　　173
あとがき　　　　　　　　　　　　　　　　　　179

資料Ⅰ　学校図書館法　　　　　　　　　　　　187
資料Ⅱ　学校図書館基準　　　　　　　　　　　189
資料Ⅲ　学校図書館司書教諭講習規程　　　　　194
資料Ⅳ　学校図書館図書標準　　　　　　　　　195
資料Ⅴ　学校図書館メディア基準　　　　　　　196
資料Ⅵ　ユネスコ学校図書館宣言　　　　　　　201
資料Ⅶ　学校図書館年表　　　　　　　　　　　205

索　引　　　　　　　　　　　　　　　　　　　218

第1章　　新教育と学校図書館

1　学校図書館の誕生

　わが国は1945年（昭和20年）8月15日の第二次世界大戦の敗戦によって大きく変貌した。とりわけ、過去の学校教育に対する批判は厳しく、教育革新の声が巷間に満ちあふれ、新しい教育を求める熱気がみなぎり、新教育運動が澎湃として起こったのである。
　敗戦までのわが国の義務教育は、国家主義、皇国史観、富国強兵の国是に基づいた教育であった。教育内容は文部省著作の一教科一種類の国定教科書制度によって厳重に統括され、教師の仕事は教科書の内容を一字一句指導書どおりに教えることが最大の任務とされていた。
　大戦後の新教育が目指したものは、民主主義、主権在民の教育で、「画一的、統制的な学校教育」から「個人の価値と尊厳を認め、主体的に考えることのできる人間を育てる学校教育」への転換であった。自発的な個別学習を基本に、学校教育の内容や方法を一変する斬新な教育が主張された。
　新教育運動の高まりに加えて、敗戦による占領行政の一施策として二度にわたって来日した米国教育使節団の勧告によって、わが国の学校教育は大きな改革を遂げ、1947年4月1日には、新学制の実施へと飛躍的な発展をみることになった。
　新しい学校制度で大きく変化したのは、小学校6年、中学校3年、高等学校3年、大学4年という新学制の発足であるが、それと同時に、社会科、自由研究という新しい教科の設定による教育内容の改変、制度として位置づけられた学校図書館などにみられる教育方法の改革であった。
　社会科は、それまでの教科目にあった、修身、公民、歴史、地理を統合し、

知識を一方的に注入する従前の教授法を一変して、為すことによって学ぶ実践の教科であった。児童生徒が、「自らの社会体験のなかから課題を発見し、追求し、解決していく過程で、社会の進歩、発展に寄与できる能力や態度を身につける」という目的で登場した教科である。

自由研究は新学制の発足時に新しく設けられた創造的な活動を期待する時間である。「教科の学習は、いずれも児童の自発的な活動を誘って、これによって学習がすすめられるようにして行くことを求めている。そういう場合に、児童の個性によっては、その活動が次の活動を生んで、一定の学習時間では、その活動の要求を満足させることができないようになる場合が出てくるだろう。〔中略〕（このような場合に）児童の個性を、その赴くところに従って、のばして行こう」という主旨であった。1週間に1時間、担任教師の自由裁量で豊かな学習時間を保障しようとしたのである。しかし、中学校は1949年の学習指導要領の改訂で特別教育活動に改められ、小学校も1951年の改訂で教科外活動に、1958年の改訂で特別教育活動に改められて短期間に消滅してしまった。

また、1950、51年代に教育界を風靡した教育運動に、コア・カリキュラム運動があった。コア・カリキュラムは、基本的な必須の学習題材を中心（コア）にして、その理解に必要な国語や算数や理科などの基礎教科を周辺に並べて総合的に学習しようとする学習形態で、当時の社会科学習の主流を占めた学習方法である。

社会科やコア・カリキュラムの学習形態にみられるように、教科書を教材の一つとして扱い、「教科書を教える」のではなく、児童生徒が自ら考える力を引き出そうとする「教科書で教える」という教授法が導入されたのである。学習形態を受動的な学習から能動的な学習へと脱皮させようとした。

それに伴って、学習には必然的に副教材、補助教材を必要とするようになり、これらの副教材を児童生徒及び教員の利用に供する機能を有する学校図書館が、制度として全国の学校に誕生したのである。大正期の自由教育運動や旧制の中学校・女学校に設けられた図書室が、課外読み物を提供したのとは異なり、新しい制度の学校図書館は、学校教育の学習活動に機能する役割を果たす

ことになった。

2 米国教育使節団の勧告

　昭和の教育改革や学校図書館の誕生には、米国教育使節団の勧告が大きく影響していることは周知のとおりである。米国教育使節団は、第二次世界大戦後に、占領軍総司令部（ＧＨＱ）の民間情報教育局（ＣＩＥ）の要請によって、二度にわたって来日している。

　1946年3月5日に来日した第一次米国教育使節団は、3月31日に民間情報教育局へ提出した報告書で、教授の内容と方法の変革を提起し、そのための重要な条件として、学校図書館の整備を次のように示唆している。

　　民主政治下の生活のための教育制度は、個人の価値と尊厳を認めることがもとになるであろう。それは各人の能力と適性に従って、教育の機会を与えるように組織されるであろう。教授の内容と方法によって、それは研究の自由と批判的に分析する能力の訓練とを助成するであろう。それは異なった発展段階にある学生の能力の範囲内で、広く実際の知識の討論を行うことをすすめるであろう。学校の仕事が、規定された学校課程と、各科目ごとに認定されたただ一冊の教科書とに制限されていたのでは、これらの目的はとげられようがない。民主政治における教育の成功は、画一と標準化とをもってしては測られないのである。　　　　　　（25頁）

　　教育制度は、単に知的なだけではなく実際的および審美的な新しい感興を学生の間にひき起すようにするのがよい。新計画全般にわたって、自学自修のための図書館その他の機関が重要な役割を演ずべきである。実際、教科書や口授教材の暗記を強調しすぎる悪風をのぞく最良法の一つは、種々異なった諸観点を表わす書籍や論文に、学生を接触させることである。　　　　　　　　　　　　　　　　　　　　　　　（51頁）

　　民主主義的な学校制度を可能ならしめるためには適当な給料を支給し、教師およびその他の教育関係職員のじゅうぶんな数を持ち、さらに教科書

および参考書、図書館の書物およびその他の教授上の備品をじゅうぶんに供給しなくてはならぬ。教授上視覚ならびに聴覚の助けを借りることは従来よりももっと広範囲に利用せらるべきである。　　　　　　　　（79頁）

　一般にいって望ましい教育は、人員の少ない学級、設備の整った実験室、図書室、体操場、運動場および特別教室などの助けを借りた場合、順調に運ばれるであろう。ラジオ、蓄音機、映写機などはしばしば有用である。

　しかし、豊富な設備をもった学校が必ずしも優秀な学校とは限らない。そして貧しい設備をもったものがりっぱな教育上の経験をもたらすかも知れない。

　もしも、教師がじゅうぶんな自由を与えられるならば、生徒の学習を豊かにするために、学校の外部の多くの施設を利用するであろう。農場、工場、事務所、図書館、博物館および病院等は教育上の好機会を供給する。

（83頁）

（『米国教育使節団報告書』建帛社）

　さらに、教育改革の進行状況を調査するために、1950年8月27日に再び来日した第二次米国教育使節団は、9月22日の報告書で、その実情と問題点を指摘し、学校図書館の学校教育に果たす意義を次のように述べている。

　図書館用書籍ならびにその他の教材が各学校に適切に備えられるべきである。学校図書館は単に書籍ばかりでなく、日本人の、あのまれにみる芸術的才能をもって教師と生徒が制作した資料を備えるべきである。たとえば林業についての教材としては、木材の標本、今日の伐木法を示した絵、りっぱな植林地の絵などを含むことができるであろう。これらはどれも比較的金のかからないものであろう。資金が多くもらえるにつれて、幻灯や映画もさらに加えることができる。

　教材センターとしての学校図書館は、生徒を援助し指導する司書を置いて学校の心臓部となるべきである。　　　　　　　　　　　　（179頁）

　日本の図書館施設（注・公共図書館をさす）は、必要な資金が得られしだい、すみやかに拡張されるべきである。しかし同様な措置は、教師の側

からみても、生徒の側からみてもおよそ不満足な、学校図書館に対してもとられるべきである。日本の児童読物にはなおいちじるしい欠陥がある。教育家も作家も、この欠陥を補うように奨励されなければならない。

(215頁)(『同上書』)

　文部省は第二次米国教育使節団の来日を前にして、教育改革の進行状況を報告するために、『日本における教育改革の進展』をまとめて、民間情報教育局へ提出したが、その中で「学校図書館の充実」について、次のように記している。

　学校図書館のもつ新しい意義の徹底（手引書の刊行等）──教科書中心の古い学校教育の中では、学校図書館は、単に課外読み物の提供場所にすぎなかったが、より広範な図書資料の活用を必要とする新しい教育にあっては、学校図書館こそは、カリキュラムを豊かにする中心機関である。学校図書館のもつこの新しい意義について、教育関係者の理解を深めるために、1948年12月、文部省は、『学校図書館の手引』を刊行し、全国の小・中・高等学校および教育行政官庁に配布した。また文部省主催の講習会や文部省と府県との共同主催による教員のワークショップ等を通して、学校図書館のもつ新しい意義の徹底が図られた。

　学校図書館協議会の設置と学校図書館基準の研究 ── 1948年7月、文部大臣の諮問機関として「学校図書館協議会」が設けられた。この協議会の最も重要な仕事は、学校図書館基準の原案を作成することであった。この原案はすでに1949年8月に作成上申され、これによって学校図書館の備えるべき機能その他についてのよるべき基準が示された。協議会はこの基準を上申するとともに、学校図書館の今後の問題として次の諸点について建議した。

　学校図書館の今後の問題──①公立学校の図書費に対する国庫補助、②教育職員に対する、学校図書館についての理解と技術の普及、③司書教諭の職制の確立と免許制度の設定、④教員養成大学に図書館学講座の創設、⑤学校用基本図書その他の資料の目録作成、⑥学校図書館実験学校の設置（各府県に）、⑦文部省および教育委員会事務局における学校図書館指導機

関の整備、⑧学校図書館の指導連絡のための機関を文部省に常置すること。

この報告から、当時の文部省が、いかに学校図書館に大きな期待と強い関心をもっていて、学校図書館の充実と発展に心を砕いていたかをうかがい知ることができる。学校図書館は、まさに昭和の教育改革の申し子的存在であった。

3　教育改革と学校図書館

第二次世界大戦後の学校教育が目指した、新教育運動の理念や教育改革の指標、学校図書館の誕生については、1947年4月1日の新学制の発足に当たって公布された「学校教育法」などから、その軌跡を具体的に知ることができる。

1947年3月31日に「学校教育法」が公布され、同じく5月23日に「学校教育法施行規則」が制定され、それに先立って3月20日には、従前のわが国の教育制度にはなかった学習の内容や方法について案内した、『学習指導要領一般編（試案）』が発表された。小学校の教室では、児童の創造性を大切にする授業が実践されていた。

(1) 学校教育法

「学校教育法」では、従前の学校教育が教授資料を教科書一冊に限定していたのに対して、新教育は授業に教科書以外の補助教材を使用することが必要であるとして、学校教育法の第21条に次のように明文化した。このことは、わが国の公教育において特筆すべき画期的なことで、第21条第2項が、全国の学校に、教材センター、資料センターとしての学校図書館の設置を促進することになったのである。

> 第21条（教科用図書又は教材の使用）小学校においては、文部大臣の検定を経た教科用図書又は文部省が著作の名義を有する教科用図書を使用しなければならない。
> ②前項の教科用図書以外の図書その他の教材で、有益適切なものは、これを使用することができる。

(2) 学校教育法施行規則

「学校教育法施行規則」で、はじめて学校図書館に法制的な根拠が与えられた。この法律の第1条に基づいて、全国津々浦々のすべての小学校、中学校、高等学校に学校図書館の設置が義務づけられ、困難な教育条件のなかで、学校は挙げて学校図書館の整備と充実に取り組んだ。

> 第1条（学校の施設設備と位置）学校には、その学校の目的を実現するために必要な校地、校舎、校具、運動場、図書館又は図書室、保健室その他の設備を設けなければならない。

(3) 学習指導要領

文部省が新しく「学習指導要領」を刊行した主旨は、学校の仕事が規定された学校課程と各科目ごとに認定された、ただ一冊の教科書に制限されていては新しい教育目的を達成することはできない。国定教科書の制度を廃止し、教科書の編集を民間に委譲することに伴い、従前の「教科要目」を廃止して、「教科課程、教科内容およびその取扱い」の基準を示すというものであった。

発表された当時、「コース・オブ・スタディ」とも呼ばれていた最初の『学習指導要領一般編（試案）』をひもとくと、いたるところに新学制がスタートしたころの学校教育に寄せる期待と願望をみることができる。

この平明な文章で書かれた「試案」の発表は学校教育に大きな影響を与え、教師たちに教育実践上の自由と創造性を強く喚起したのである。そして、「試案」に述べられているような学校教育の内容や方法を実践するために、不可欠の機能をもつ設備として学校図書館は位置づけられた。「試案」一般編序論のなかで次のように述べている。

> いまわが国の教育は、これまでとちがった方向にむかって進んでいる。この方向がどんな方向をとり、どんなふうのあらわれを見せているかということは、もはやだれの胸にもそれと感ぜられていることと思う。このようなあらわれのうちでいちばんたいせつだと思われることは、これまでとかく上の方からきめて与えられたことを、どこまでもそのとおりに実行するといった画一的な傾きのあったのが、こんどはむしろ下の方からみんな

の力で、いろいろと作りあげて行くようになって来たということである。
　　　　　　　　　　　　　　　　　　　　　　　　　　　　（1頁）
　これまでの教育では、その内容を中央できめると、それをどんなところでも、どんな児童にも一様にあてはめて行こうとした。だからどうしてもいわゆる画一的になって、教育の実際の場での創意や工夫がなされる余地がなかった。このようなことは、教育の実際にいろいろな不合理をもたらし、教育の生気をそぐようなことになった。　　　　　　　（1頁）
　この書は、学習の指導について述べるのが目的であるが、これまでの教師用書のように、一つの動かすことのできない道をきめて、それを示そうとするような目的でつくられたものではない。新しく児童の要求と社会の要求とに応じて生まれた教科課程を、どんなふうにして生かして行くかを教師自身が自分で研究して行く手びきとして書かれたものである。(2頁)
　ほんとうの学習は、すらすら学ぶことのできるように、こしらえあげたことを記憶するようなことからは生まれてこない。まず、自分でみずからの目的をもって、その方法を計画し、それによって、学習をみずからの力で進め、さらに、その努力の結果を自分で反省してみるような、実際の経験をもたなくてはならない。　　　　　　　　　　　　　　（21頁）

(4) コア・カリキュラム学習

　1950年ごろの京都市立衣笠小学校の授業を、杉本良夫（オーストラリア・ラトローブ大学教授）は、次のように伝えている。

　　浅野先生は、ほとんど教科書に頼らない教育者だった。国語とか算数とかの教科の区別も重視しなかった。毎日、宿題がひとつだけあって、短い日記を書いてくることだった。「問題日記」というタイトルで、一日の生活の中で不思議に思ったこと、おかしいと感じたこと、改良したらよいと考えることなどを、好きなだけ書いて提出する仕組みになっていた。

　　この「問題日記」が、浅野先生の教材の中心だった。毎朝、先生は前日の日記の中から、その日の授業の出発点を引き出す。

　　「中島君は、お母さんに頼まれて買い物にいったら、ミカンの値段が上が

っていることに驚いた。その理由がわからないと書いている」
　といった具合である。
　バラバラと手が上がって、生徒が答える。
「この前の台風で、ミカンがやられたからやと思います」
「こないだの国鉄（注・現ＪＲ）のストのせいやないやろか」
　浅野先生は、一歩踏みこんで
「それでは、今日はまずミカンが、どこでとれるかを調べてみよう」
と日本地図を開けさせる。生徒は、帳面にミカンの産地や分布を書きながら、ついでに、リンゴやブドウについても考えていく。先生は、それぞれの分布図について、ワイワイ話をさせたあと
「二時間目は、全員図書室へ行って考えてみよう。第一班は、ミカンはどういうふうに育つかを調べる。第二班は、今年の台風の通った道筋と被害の様子。第三班は、ミカンがとれてから八百屋さんまでどう運ばれるか。第四班は、物の値段はどのように決められるのか、を調べてみよう」
　といった調子で、さらに一歩を進める。調査は長い時間がかかることもあった。こういうふうに手分けして調べた結果を、教室で組み合わせると小さな日常生活の観察と大きな社会の仕組みのつながりが生き生きと目の前に現われてくるように思えた。教室は好奇心と活気にあふれていた。
　浅野先生は、社会科を授業の中心にすえていたが、その枠組の中で私たちは他の教科も習得したのだった。台風が話題になると、先生はすかさず
「台風という文字は、台という字と風という字で出来ている。それぞれの漢字を使った熟語を、なるべくたくさん考えてみよう」
　と切り出す。そんなふうにいわれて、みんなで黒板をいっぱい使って漢字を覚えていったことを思い出す。
　ミカン調査が一段落すると
「この教室に一箱九十五個入りのミカン箱が十五箱、和歌山の産地から届いたとしよう。ひとりいくつずつもらえることになるだろうか」
　というような設問をもとにしてかけ算や割算も習ったように思う。

ミカンの産地静岡から京都までの主要駅を調べて地理を考え、その距離や運賃を考えて算数になり、ミカンの成分を分析して理科を学ぶといった風だった。ひとつの「問題日記」から、つぎつぎに問題と解決を考える毎日で、教科書を開ける時間は、ほとんどなかった。

　目に見えるくらしの中で疑問を持ち、それを解こうとする作業のくりかえしの中で、当時小学生に必要とされていた知識と実力を身につけさせることを実現させた浅野先生の力量を、いま考えてみて、すごいと思う。

(以下略)
(杉本良夫「浅野寅夫先生のこと」『文藝春秋 '83.3, 巻頭随筆』)

　この教室の情景から、社会科を中心にしたコア・カリキュラム学習の展開や学校図書館を利用する生き生きとした授業の熱気が伝わってきて、新教育の息吹を感じる。当時の教師たちは、敗戦直後の貧困な社会環境のなかで、教育の改革に精根を傾注していた。

4　『学校図書館の手引』

　第二次世界大戦後の新教育運動を背景に、教育改革の旗手として誕生した学校図書館は、その整備と充実が急がれた。しかし、当時のわが国における図書館研究は低調であり、とくに学校図書館については、その機能と運営が全く研究されていない状態であったから、学校図書館を開設するのに役立つ手引書の一日も早い出現が待たれていた。

　文部省は 1948 年 12 月 15 日に、この渇望を癒すものとして、『学校図書館の手引』(Ａ５判, 137 頁) を刊行した。同書は、まえがき、第一章　新教育における学校図書館の意義と役割、第二章　学校図書館の組織、第三章　学校図書館の整備、第四章　学校図書館の運用、第五章　学校図書館を中心とする学習活動の例とその評価、という構成で、附録には参考文献もある。この本一冊で学校図書館の全容を知ることができるといった貴重な解説書であった。

　その「まえがき」は、次のように述べている。

日本は、今、新教育制度の確立と発展とをめざして意義深い歩みを進めつつある。そして重要な変革や改善が行われつつある。この改革の達成を促進するためにはいろいろの問題があるが、学校図書館の問題はその最も重要なものの一つである。

　従来、わが国では、教育施設の一部としての学校図書館が、あまり重視されていなかった。しかしながら、学校図書館は、新しい教育においてはきわめて重要な意義と役割とを持っているので、学校図書館の発達を促すために、文部省は昭和22年の春、『学校図書館の手引』編集委員会を設け、この手引書を作ることになった。この書は学校、ことに小学校・中学校および高等学校に図書館をつくって行く上に必要な援助と指導を提供しうることと思う。この書の編集にあたっては、下記の委員のほか、なお広く公共図書館、学校、出版関係の諸氏の協力を得た。ここにしるして感謝の意を表するものである。

　学校図書館は将来学校経営において重要な位置を占めることと考えられるので、この手引書は学校図書館の担任者のみならず、教師の全員によって読まれ、研究され、そして十分に活用されることを希望する。この書の中には、今直ちに実施する上に困難を感ずる点をも見いだすであろうが、それは後日の発展にゆだねることとして、現在の各学校の施設に応じて、最も容易な段階から直ちに着手されたい。

　文部省がこの書を編集したことは、文部省が新しい方向に向かって努力していることを意味している。もちろんこの書には多くの欠陥があるであろう。そこで読者から質疑や批評などを寄せられることを歓迎する。

（以下略）

次いで、「学校図書館の意義」について、次のような9項目を挙げている。これは学校教育の刷新が主張されている今日的な立場から、改めて学校図書館の意義を考察しても、まことに正鵠を射ていると思うのである。

　①学校図書館は、生徒の個性を伸張して行く上に役立つ。

　②学校図書館は、多くの方面や活動において生徒の興味を刺激し、豊かに

する。
③学校図書館の利用によって、人間関係や、他の人々の社会的、文化的生活を観察させ、さらに批判的判断や理解の態度を養って行くことができる。
④学校図書館は、自由な活動の手段を与える。
⑤学校図書館は、専門的な研究への意欲を刺激する。
⑥学校図書館の蔵書は、生徒の問題に対していろいろの考え方や答えを提供する。
⑦学校図書館は、生徒に望ましい社会的態度を身につけさせる機会を与えることによって、共同生活の訓練の場所として役立つ。
⑧学校図書館を利用することによって、生徒たちに、読書を終生の楽しみと考えさせるようにすることができる。
⑨学校図書館は、少ない図書を公共的に活用させ、現在を通して、未来の文化的建設を助けることができる。

また、「学校図書館は、学習指導の中心にならなければならない」と主張していて、学習指導に関連する学校図書館の目的に、次のような8項目を挙げている。
①個人個人の人格を発展させること。
②独立してものを考える力を発展させること。
③問題を独立して考える態度を発展させること。
④図書館および公私の読書施設を利用する、能力と技術とを発展させること。
⑤社会的良識と理解とを発展させること。
⑥図書に対する愛好の念を養い、調査上の目的や、教養や人格の向上のため、また楽しみのために読書し、さらに読書を終生の習慣として発展させること。
⑦好ましい、そして批判的な習慣を発展させ、書物の中にある材料を利用する慣習を養うこと。

⑧文献・目録・地図・統計その他いろいろの図表を作る能力を養うこと。

さらに、特記すべきことは、「人の構成とその運営」の項を設けて人の問題に触れ、学校図書館の経営には専門的知識や技術が必要であるから、その実現のために、たゆまざる援助と理解を求めなければならないと、学校図書館に専門職員が必要なことを強調し、次のように述べている。

　学校図書館はいかに小さい規模のものであっても、形の上からは司書・事務員の二つの職制が必要である。司書は教師の中から選ばれ、学校図書館の経営に全責任をになう。本格的に図書館経営をすることになると、相当の専門的知識を必要とするが、現状では、図書館教育を受けた教師もいないことであるから、選ばれた人は、今後、専門的な技術を習得するように進んで行く必要がある。この場合、校長は、図書館の運営について学校全体の立場から、よき助言者であり助力者とならなければならない。

　〔中略〕将来、学校の設備と経営が許すようになるならば、少なくとも高等学校では専任の司書や事務員を置くべきであり、小、中学校の場合でも、司書の職を設けて図書館経営についての講義を受けた教師がこれを兼任するようにしたいものである。

5　学校図書館法

　小学校、中学校、高等学校に設置されている学校図書館の法制的根拠として重要な法律が「学校図書館法」である。この「学校図書館法」は学校教育法の特別法の性格をもち、学校図書館の単独法規として、世界の教育法のなかでも異色の法律とされている。

　文部省は学校教育法の第21条第2項や学校教育法施行規則の第1条で、学校図書館の設置が求められたのに応えて、学校図書館の充実を期するために、1948年（昭和23年）12月15日に先述の『学校図書館の手引』を発行、1949年8月5日には、文部大臣の諮問機関である学校図書館協議会が「学校図書館基準」を答申するなど、学校図書館の振興に関する施策を次々と進めて

いった。

　それに呼応して全国各地の学校が学校図書館の整備に力を入れ始めたことから、①「学校図書館基準」を「学校図書館振興法」として法制化する、②学校図書館の専門職員制度を確立する、③学校図書館の経費を公費支弁とするなどを要求する声が日ごとに高まり、全国的な「学校図書館法」制定運動へと発展した。学校図書館の全国的な研究組織として、1950年2月に結成された全国学校図書館協議会（略称全国ＳＬＡ）の活動も、ようやく軌道に乗り、全国各地から100万人近い署名を集めて、「学校図書館法」の早期成立をめざす運動を展開した。

　民主的な教育の砦を学校図書館に希求する教師たちの願いと、このような世論を背景にして、学校図書館の充実と発展を目的とする「学校図書館法」が、議員立法によって1953年（昭和28年）8月8日に成立した。直ちに公布されて、1954年4月1日から施行されたのである。

　今、「学校図書館法」が成立した当時の社会情勢を考察してみよう。1949年7月にアメリカから来日したＣＩＥ顧問のイールズ博士が、新潟大学における講演で反共を声明して、世界が米ソ冷戦の時代に入ったことを宣言した。そして、1950年6月に勃発して、1953年7月まで続いた朝鮮戦争によって、わが国の重化学工業が急速に復活し、壊滅的な打撃を受けていた産業界が特需景気に潤った。さらに、1951年9月には、片面講和といわれたサンフランシスコ講和会議で「対日講和条約・日米安全保障条約」を締結調印するなど、時代の急激な変化が生じていたことを知るのである。1950年代の前半は、わが国の社会が、ようやく敗戦の虚脱状態から立ち直って生気を取り戻すとともに、冷戦による占領政策の変更によって、いわゆる保守回帰の兆しが色濃く見え始めた時代であった。

　教育界では、1951年7月の『学習指導要領一般編（試案）』の改訂で、道徳教育を教育の全面において実施することを強調した。1954年5月には、当時の社会事情を背景に、教育二法といわれた「義務教育学校における教育の政治的中立の確保に関する臨時措置法」「教育公務員特例法の一部改正法」を、

国会で強行可決して公布した。

　このような時代思潮を反映して、学校図書館誕生のときよりも教育界における学校図書館に対する期待が希薄になるなかで、辛うじて成立した「学校図書館法」は、成立の当初から必ずしも満足できる内容ではなく、さまざまな欠点や不備が指摘された。最初に国会に提出された「学校図書館法（案）」では、専門職員について、①司書教諭制度を確立する、②学校教育法に司書教諭必置を規定する、③教育職員免許法に司書教諭免許状を規定する、④司書教諭養成のため5年の猶予期間を置く、⑤事務職員を置く、という内容だった。しかし、成立した「学校図書館法」は原案とは大きく異なり、第5条で、「司書教諭を置かなければならない」としながら、第5条第2項では、「司書教諭は、教諭をもって充てる」という、あいまいな条文となったのである。さらに、附則第2項では、「当分の間、司書教諭を置かないことができる」となった。

　「学校図書館法」は、制定の当初には、全文3章15条の構成で、第1章　総則、第2章　学校図書館審議会、第3章　国の負担及び附則からなっていた。主な条文は、①意義・機能など、学校図書館の位置づけを規定している第1・2・3・4条、②学校図書館を担当する専門職員として司書教諭について規定している第5条並びに附則第2項、③経費の設置者負担を規定している第6・13条であった。

　「学校図書館法」のその後の改正の歩みをたどってみる。1958年5月の第1回の改正では、第13条の経費負担の対象が学校（小学校、中学校、高等学校を含む）とあったのを、小学校、中学校は義務教育費国庫負担法第3条で実施するとして除外し高等学校のみに改めた。そして、1966年6月の第2回の改正では、文部大臣の諮問機関として設置された学校図書館審議会の制度の廃止によって、第2章の全文を削除して空条とするなど後退した改正が行われた。

　学校図書館に関心を寄せる多くの人びとの宿願が44年ぶりに成就して、一歩前進をみたのは1997年6月の第3回の改正においてである。附則第2項の「当分の間」が「平成15年3月31日までの間（政令で定める規模以下の学校にあっては、当分の間）」に改められ、第5条第3項の「大学」に「大学その

他の教育機関」が加えられたのである。

　その後、「学校図書館法」は、1998年6月の改正で、「学校教育法」の一部改正にともなって、第2条に中等教育学校の前期課程及び後期課程が加わり、1999年12月の改正で、中央省庁の再編により文部科学省、文部科学大臣と改称されている。さらに、2001年3月の改正では、「地方交付税法等の一部を改正する法律」によって、第3章国の負担の条項が全文削除され、第1章、第2章の柱だてがなくなり、極めて簡素な構成になった（巻末資料Ⅰ参照）。この改正によって、「学校図書館法施行令」は廃止された。

　ところで、「学校図書館法」が成立した当初から問題となっていた専門職員の複数配置については、長年にわたって論争が繰り広げられてきたにもかかわらず、なかなか統一見解が得られないままに推移し、1997年6月の改正でも、学校図書館界が長年にわたって望んでいた改正とは程遠く、多くの懸案事項が改正案の審議過程で「附帯決議」として先送りされている。先送りされた課題には、①司書教諭が専任化されていない、②11学級以下の小規模校には引き続き、当分の間、司書教諭が配置されない、③司書教諭の職務のあり方や担当授業時間数が検討課題である、④「司書教諭講習規程」の改正が図られていない、⑤学校図書館事務職員（学校司書）の法制化並びにその養成課程の未解決などがある。なお、「司書教諭講習規程」の改正を図ることは、1998年3月、文部省令によって現行の「司書教諭講習規程」（巻末資料Ⅲ参照）となった。

　私たちは、これらの「附帯決議」が完全に解決するまで、「学校図書館法」の改正運動を推進しなければならない。全国学校図書館協議会は、次のような3原則を主張して、継続的に学校図書館法の改正運動を進めている。

　　①第4条の学校図書館の運営を現代にふさわしいものに拡充する。
　　　そのために、第4条の条項に、学校図書館の経営計画や学校図書館の利用指導の項目を、次のように追加する。
　　　1)　学校図書館の運営計画を立案し、教育課程の編成および展開に寄与すること。
　　　2)　学校図書館の利用指導および読書の指導について全校計画を立案す

るとともに、その実施について教員を援助すること。
②附則第2項を完全に撤廃して、司書教諭をすべての学校に配置する。その職務は「学校図書館に関する専門的職務をつかさどる」とする。
③学校司書の制度を法制化して、学校司書をすべての学校に配置する。その職務は「学校図書館に関する専門的業務をつかさどる」とする。

6　学校図書館基準

「学校図書館基準」〔資料1〕は、1948年（昭和23年）7月に文部大臣の諮問機関として設置された学校図書館協議会が、1949年8月に答申したのが最初である。

この基準は、『学校図書館の手引』（1948年刊行）の編集が進行するなかで学校図書館のあるべき姿とそれを育成するための行政措置について研究する必要があり、特に「学校図書館の充実、活用を図る方策如何」として諮問されたのを受けて、学校図書館を設置する場合に必要と考えられる諸施策を8か条の要望事項にまとめたのである。「まえがき」には、「この基準は現在の学校の実情に応じて作られたものであるから、各学校の所轄庁および各学校の当事者はこの基準により、更に高い目標に向かって進んでいくことが望ましい」という奨励がある。そして、「あとがき」には、「この基準は学校教育の進歩に伴い、将来更に高い段階に向かって改訂される必要がある」という勧告がある。

この当初の基準に対して、望ましい学校図書館像には程遠いとか、学校図書館のあるべき姿としては低すぎるとかさまざまな論議があったが、過大な評価も寄せられた。それが「学校図書館基準」の法制化へと発展し、遂には最初の思惑を越えて「学校図書館法」「学校図書館法施行令」として結実するに至ったのである。また、1949年の「学校図書館基準」の「人の構成」にある「(3)司書教諭のほかに事務助手をおく」に基づいて、1952年から53年にかけて全国的に高等学校図書館に「実習助手」が配置されて、学校図書館の業務に携わることになった。

一方、学校図書館法の制定運動と並行して「学校図書館基準」の改訂作業が進められ、『学校図書館の手引』改訂委員会が1953年2月に「学校図書館基準(案)」を発表した。しかし、この「基準(案)」は公式に「学校図書館基準」となることはなく、1959年1月に文部省が刊行した『学校図書館運営の手びき』の第2章に、「学校図書館基準(案)」を若干修正した基準が発表されている。1949年の「学校図書館基準」と1953年の「学校図書館基準(案)」とを比較して大きく変更しているのは、1949年の基準にあった基本原則の4項目が、1953年の「学校図書館基準(案)」ではすっかり書き改められて、現行の「学校図書館基準」(巻末資料Ⅱ参照)のようになっていることである。最初の「学校図書館基準」から、1953年の「学校図書館基準（案)」を経て、1959年の現行「学校図書館基準」に至るまでの変化をみるとき、学校図書館が誕生した1940年代後半における教育界の学校図書館に寄せる期待を強く盛り込んだ「学校図書館基準」が、わずか10年ほどの間に大きく後退していることに気づくのである。

〔資料1〕　　　　　学校図書館基準（1949年8月）

まえがき

　学校教育法施行規則第一条に、学校教育の目的を実現するための必要な施設として図書館を設けることが規定されているが、その内容や運営方法についてそのより所を提供し、小中高等学校図書館の充実発達に資するため学校図書館協議会においてこの基準を作成した。

　この基準は、現在の学校の実情に応じて作られたものであるから各学校、所轄庁、監督庁および各学校の当事者はこの基準により、更に高い目標に向かって進んでいくことが望ましい。

1　基本原則

(1) 学校図書館は、学校教育の目的にしたがい、児童生徒のあらゆる学習活動の中心となり、これが必要な資料を提供し、その自発的活動の場とならなければならない。

(2) 学校図書館は、学校長、全教職員、および全児童生徒の参加協力によって運営されなければならない。
(3) 学校図書館の設置運営は綿密な調査研究に基き将来の発展に応ずる周到な計画をもって行わなければならない。
(4) 学校図書館は従来の実情にかんがみ予算、人員の配当について特に考慮される必要がある。
（中略）

5　人の構成
(1) 専任の司書教諭をおく。
(2) 司書教諭は、児童生徒一千人につき一人、または蔵書一万冊につき一人の割でおく。
　　ただし、五百人以下の学校では、パートタイムの司書を以て代えることができる。
(3) 司書教諭のほかに事務助手をおく。
(4) 教員が学校図書館の運営に当る場合は、図書館経営についての知識技術を修得する必要がある。
(5) 司書教諭は図書および図書館利用に関する指導をも行う。
(6) 児童生徒の委員を選出して積極的に運営に参加させる。
（中略）

あとがき
各学校は「学校図書館の手引」を参照して、三年後には右の基準に達するように努力することが望ましい。この基準は学校教育の進歩にともない将来さらに高い段階に向かって改訂される必要がある。

　1959年の「学校図書館基準」は、学校図書館の経営の全般にわたって、的確な方向を示唆しており、今日でも、十分に基準としての価値をもっているが、この基準は発表されてから40年以上が経過しているので、基準としてはなじまない部分が多くなっている。それを補足する意味で全国学校図書館協議会は、

1977年12月に「学校図書館数量基準（図書資料）」、1990年8月に「学校図書館施設基準」、2000年3月に「学校図書館メディア基準」（巻末資料Ⅴ参照）を制定し、学校図書館の充実を期するための基準を発表している。

　文部省は、1993年3月に、全国の学校図書館悉皆調査の結果をふまえて、公立義務教育諸学校が学校図書館の図書の整備を図る目標として、「学校図書館図書標準」（巻末資料Ⅳ参照）を設定して発表した。これによって、自治体が長年にわたって「図書冊数」の根拠としてきた「学校図書館基準別表Ⅰ」が修正されることになり、現状に即した図書の整備が進捗している。

　「学校図書館基準」は、学校図書館担当者の間でも論議されることが少なくて、その効力を十分に発揮しているとはいえないが、法的根拠としての有効性がなくても、法規に準じた効力がある。学校図書館の発展に欠くことのできない役割を担っている重要な基準なので、「学校図書館法」との整合性を図りながら、早急にその全面的な改訂をする必要がある。

7　学校図書館の退潮

　学校図書館は、新教育運動のなかで教育改革への多くの期待を担ってスタートしたのであるが、当時の教育界は第二次世界大戦後の混乱期で、新学制の発足による校舎の整備充実に追われる毎日であり、教育方法の条件整備にまでは手の届かない状況が続いていた。多くの課題を抱えたままに誕生した学校図書館を充実するための基本的な課題についても幾多の困難な条件があって、学校図書館の整備は思うほど成果が上がっていなかった。そこへ追い打ちをかけたのが、1950年代の保守回帰の政治体制の変化に伴う学校教育の混乱であった。

　1955年11月に、保守政界の合同により55年体制が発足し、1956年6月の国会では、日本の国会史上最大といわれた乱闘のなかで、「地方教育行政の組織及び運営に関する法律」が成立して教育委員が公選制から任命制に変わるなど、民主主義運動は停滞し、第二次世界大戦後の革新的な教育改革に対する反動政策が着々と進行していた。

学校図書館は、多くの要因が複合して低迷の兆しを見せ始めたのである。
(1) **学習方法の未消化**
　新教育の理念に基づく、自発的、主体的な学習を進めるための教育方法として、学校図書館を利用する経験学習や問題解決学習が導入されたが、観念的に学習形態として理解はされても、このような学習方法を進めていくために必要な条件や環境はまことに不備であった。当時の教員には、全く未経験の学習形態であり、加えて60人学級という大規模な学級編成で、個別学習を進めることなどは物理的にも至難な状況にあったのである。
　学校図書館を利用する自己啓発的な教育活動は、わが国の教育風土には、なじみにくく、学習の発展で渋滞が生じるということで敬遠され、問題解決学習から系統学習への回帰が強く主張されるようになった。
(2) **図書館学の未開拓**
　1940年（昭和20年）代の、わが国における公共図書館の設置は大変少なく、図書館学の研究も遅れていた。当時の公共図書館は、閉架式から開架式への切り替えが進行しているときであり、図書館の業務としては、図書の管理がもっとも主要な業務とされていたから、図書館学も、そのために必要な分類法や目録法の管理的手法や件名目録法の研究が先行していたのである。当然、利用者も少なく、学生や一部の研究者が活用しているという程度に過ぎなかった。公共図書館が今日のような発展をみるのは、30年後の、1970年代になってからである。
　制度としての学校図書館が誕生しても、学校図書館を教育課程の展開に役立て、日々の授業に利用するという基本的な学校図書館学の研究は、全く未開拓といってよい状況であった。
(3) **学校図書館専門職員の不在**
　学校図書館が発足したものの、学校図書館の職務を担当する、司書教諭、司書といった学校図書館の専門職員の資格を有する者は皆無であり、新たに法律を制定して、その法律に基づいて人材の養成をしなければならなかった。そのために、教育委員会等が主催する講習会で速成の教育を受けた教員や無資格の

職員が、当時の公共図書館を手本にして、手探りで学校図書館を運営するという状態が長い期間にわたって続いたのである。さらに、学校図書館の創設当初から、小学校や中学校では、学校図書館を担当する教員が学級や教科を担当しながら、学校図書館の職務も担当するという二重の負担を強いられていた。

　高等学校に、学校図書館の専任職員として実習助手が配置されたのは、1952年以降である。新しく発足した当時の学校図書館には、第二次世界大戦前の旧制の中学校や女学校が、校友会活動の一つとして運営していた図書室（館）を引き継いでいる部分があり、生徒図書委員を学校図書館の運営に参画させるといった方法を安易に継承して、学校図書館の専門職員不在の穴埋めを図っていたのである。

(4)　学校図書館資料の不足

　学校図書館にとって最も重要な条件である学校図書館資料については、児童生徒を対象にした学習に利用できる図書資料の出版が、質、量ともに全く不十分であった。その上に、各自治体は新学制の発足に伴う教育の条件整備に追われて、図書購入費などの予算は不足していたから、学校図書館が図書資料を整備することは、きわめて困難であった。

　学校図書館が、教材センターとして機能するために必要な、学習の進度に見合った図書資料がないこと、図書資料が複本として準備できていないことは、学校図書館が授業に利用できないということである。これは学校図書館の機能を活用するためには致命的な障害になっていた。

　図書の基準冊数は、長年にわたって「学校図書館基準・別表」に準拠していた。小学校18学級、中学校15学級、高等学校24学級の標準規模の学校で比較すると、①のように少なくて、授業に役立つ教材センターとしての機能は不可能であった。②③④は、1977年以降に発表された基準である。

	小学校	中学校	高等学校
①学校図書館基準	2,360冊	2,600冊	5,200冊
②学校図書館数量基準	10,400冊	12,100冊	19,360冊
③学校図書館図書標準	10,360冊	12,160冊	―

④学校図書館メディア基準　　24,240 冊　　29,600 冊　　44,500 冊
　また、図書以外の資料についても、一こまスライド、音盤レコードなどが利用できる程度であり、学校の教育活動との関連においての研究と開発が進んでいなかった上に、視聴覚教育との競合があり、そこまでは、とても手がまわらないという状態であった。

(5)　**普通教室への転用**

　新学制が発足した 1947 年から 1960 年代の初めまでは、全国的に新制中学校の校舎の整備が急務であった。農村では、第二次世界大戦中に疎開をしてきた人たちの児童生徒が多くて教室が不足していたし、都市は戦争の災害による校舎の焼失で教室は満足な状態ではなかったので、全国のほとんどの地域で学校図書館の施設を確保することが難しい状況にあった。

　小学校では廊下を仕切って図書室に充てたり、普通教室と共同で使用したり、校長室を図書室に開放したりするなど、さまざまな工夫が試みられた。中学校ではあくまでも普通教室を確保することが優先であって、学校図書館の整備にまでは手の届かない状況が長く続いた。旧制の中等学校から移行した新制高等学校では、体育館、武道場や講堂までを改装して、学校図書館を急造する学校が多かったのである。

　さらに、1950 年代には、大戦後のベビーブームの子どもたちが入学し、50 年代後半になると都市の小学校、中学校では一気に教室が不足し、ごく一部の学校を除いては、営々として築いた学校図書館の普通教室への転用が図られたのである。特に、中学校での転用は甚だしく、蔵書を箱詰めにして、教科準備室や階段部分の倉庫に保管した学校が相次いだ。しかも、長年にわたって放置されたために、その後の学校図書館の発展を阻害して、「学校図書館の倉庫化」などと揶揄される要因となったのである。高等学校では、急増した生徒を受け入れるために学校の新設や校舎の増築に追われていて、学校図書館の整備などは先送りされる状況が 1960 年代の後半まで慢性的に続いた。

(6)　**学習指導要領の改訂**

　1952 年 4 月に、わが国が占領下から独立したのを契機として、義務教育の

在り方を問う声が高まり、それは新教育に対する反発となった。特に、基礎学力、道徳教育、地理・歴史教育などが問題視され、学校教育の効率化の観点から教育の内容や方法の問題へと発展し、国情に即した学習指導要領の改訂が主張された。

　1958年10月の学習指導要領の改訂で、新教育の中核であった経験学習や問題解決学習は後退した。基礎学力の充実や道徳教育の徹底が強調され、わが国の伝統的な学習形態である系統学習へと学習方法の重心が移動する。知識偏重の傾向が急速に高まり、「覚える学習」「詰め込み型学習」の時代が復活した。このような新教育に対する批判は、新教育運動の先導的な役割を担っていた学校図書館に大きな打撃を与え、学校図書館の発展を阻害することになった。

　学校図書館は、1940年代後半の新教育運動のなかで学校教育の内容と方法を変革する機能として教育制度に位置づけられたが、その後の数次にわたる学習指導要領の改訂から生じた教育思潮の混迷によって、学校図書館を必要とする教育風土を醸成できないままに半世紀余を経ている。

第2章　学校のなかの図書館

1　学校図書館の特性

　図書館の特性は、一般に利用されている図書館を、大きく二つに分けて考えることができる。一つは、一定地域の住民を対象にする図書館である。都道府県立図書館、市町村立図書館などの公共図書館がある。もう一つは、特定の対象または特定の主題を中心に経営する専門図書館である。小学校・中学校・高等学校の学校図書館は後者で、ここには、大学の附属図書館、官公庁や企業体の附属機関としての図書館、民間の団体などが調査・研究のために設立している専門図書館などがはいる。

　小学校・中学校・高等学校の学校図書館は、ややもすると公共図書館に類似した図書館のように考えられているが、利用する児童生徒の発達段階に応じて学校図書館メディアの構成に変化がある。高等学校では、普通科・商業科・工業科と履修課程によって、メディアの構成が大きく異なっている。学校図書館は、それぞれの学校が教育目標を達成するために、教育課程の展開に必要なメディアを収集し、整理し、児童生徒及び教員の利用に供する図書館であり、専門図書館群に属する図書館なのである。

　公共図書館を利用するのは、不特定多数の人びとであり、一般的には、「こんなことを調べたい」「この本が読みたい」「なにか本が読みたい」という自発的な目的で利用されることが多い。公共図書館は、個人が恣意的な目的で利用するのであり、それらの不特定多数の利用者のそれぞれの利用目的に対応して、可能な限りの奉仕を行うことを使命とする図書館である。

　学校図書館を利用するのは、それぞれの学校に在学する特定少数の児童生徒及び教員であり、利用の目的は、教員が教育計画に基づいて学習活動を展開す

る過程で利用する場合と、個々の利用者である児童生徒が自発的、主体的に利用する場合がある。

　教科や特別活動の学習で学校図書館を利用する場合、授業者には、「こんなことを調べさせたい」「このようにして調べさせたい」「この本で調べさせたい」といった意図的な授業計画があり、学習者には、「もっとこんなことを知りたい」「こんなことを学びたい」という学習意欲がある。教科学習や総合学習の基礎的、基本的な学習方法は、このような授業計画や学習意欲のなかで習得されて、日常の学習活動に発展する。

　また、読書学習においても、授業者の「この本を読ませたい」「こんな本も読ませたい」「この本をこのように読んでみよう」といった指導目標と、学習者の「この本を読みたい」「こんな本も読みたい」という読書意欲の疎通が大切である。教える者の意図と学ぶ者の応答が前提として存在する。

　学校図書館は、公共図書館の小型版ではなくて、学校のなかにある専門図書館群の一つの図書館である。公共図書館は利用者の要求や興味に応えて、利用者が満足するようにメディアを選択し、収集し、結果として学習機能という役割を担うのである。それに対して、学校図書館は利用者の学習活動や読書活動に役立つメディアを質と量の両面から検討して、経営者が意図的、計画的に選択し、収集することによって、教育機能としての役割を果たすのである。

　学校図書館は、「本を読んだり、本を借りたりする場所である」と、公共図書館と同じように思っている、学校図書館に対する考え方を払拭する必要がある。児童生徒の学校生活の休憩時間である、始業前や昼休み、放課後などを学校図書館の主な利用時間と考え、公共図書館と同じように、貸出密度を図書館サービスの指標にしている矛盾に気づかなければならない。

　学校図書館の整備を、公共図書館の児童室あるいは児童図書館の充実と混同してはならない。学校図書館の地域開放を主張したり、じゅうたんを敷いて寝転んで本が読めるようにしたり、マンガを提供したりすることは、個々の図書館が有している特性を無視した発想である。

　学校図書館と公共図書館は、それぞれが十分に整備されて、主体的に独立し

た機能と役割を果たすことが大切である。公共図書館には、学校図書館の要求に対応した、可能な範囲での支援・協力が望まれる。

2　学校図書館の意義

　今日の学校教育を考えると、小学校・中学校・高等学校・大学ともに閉塞的な状態で、教育の原点にかえって、個性を生かす教育、自己学習力を開発する教育が大きな課題となっている。まさに、21世紀に生きる力をはぐくむ学校教育を再構築すべきときである。「教え込む教育」から「自ら学ぶ教育」へと教育改革が進むなかで、学校図書館の意義が改めて問われている。
　教師が教科書を教え込む授業では、学校図書館の必要はないのである。学校図書館の機能を活用するためには、今までのような授業計画、学習方法を反省して、「教科書を教える授業」から「教科書で教える授業」へという、基本的な教育観、学力観に基づいた授業を構想する必要がある。どのように授業を展開して、どのような学力をつけることが、自己学習力を育てる生涯学習の基礎となるのか、教師の授業に対する意識変革と創意工夫が求められている。
　国際連合教育科学文化機関（ユネスコ）が1999年に批准した「ユネスコ学校図書館宣言」（巻末資料Ⅵ参照）は、学校図書館の目標で「学校図書館は、教育の過程にとって不可欠のものである」として、「学校の使命およびカリキュラムとして示された教育目標を支援し、かつ増進する」「子ども達に読書の習慣と楽しみ、学習の習慣と楽しみ、そして生涯を通じての図書館利用を促進させ、継続させるようにする」と述べ、運営と管理では、「学校図書館サービスの方針は、各学校のカリキュラムに関連させて、その目標、重点、サービス内容が明らかになるように策定されなければならない」と述べている。
　学校図書館の役割は、教師中心の受動的、暗記型の教育方法から、児童生徒が主体的に学ぶ、自発性、自主性を重視する能動的、思考型の教育方法への転換を図り、「学び方を学びとる教育」「個性を伸張する教育」を実践し、それぞれの学校の教育課程を豊かにすることである。学校図書館は、今日の学校教育

の内容と方法を変革するために、次のような意義を有している。
① 学校図書館は、児童生徒及び教員の教育活動に必要な資料を提供して、学習内容を豊かにする。
② 学校図書館は、児童生徒の個人差に適応した助成をして、自発的な教育活動を活発にする。
③ 学校図書館は、児童生徒の興味と探求心を引き出して、創造的な教育活動の源泉となる。
④ 学校図書館は、児童生徒の読書技術を訓練して、主体的な読書活動の習慣化、生活化を促進する。
⑤ 学校図書館は、児童生徒の生涯学習の基礎を培って、自己学習力の開発を支援する。

3 学校図書館の機能

　学校図書館の機能は、ややもすると学校図書館を経営する立場からのみ論じられることが多い。しかし、学校図書館は、教育課程の展開に寄与するという役割をもち、児童生徒及び教員が学校図書館の機能を活用することによって、授業＝学習過程を豊かにする設備なのである。このことから、学校図書館の機能は、学校図書館を経営する立場と学校図書館を利用する立場の二つの観点から考察する必要がある。〔資料2〕
　第一の「学校図書館の経営からみた機能」は、学校図書館の機能を学校経営のなかに教育計画としてどのように位置づけるかである。学校の経営計画や校務分掌に、学校図書館の機能は、ほとんど位置づけられていない。
　経営からみた機能の一つは、「学校図書館は資料を利用する教育機関」で、児童生徒が主体的な学習活動、読書活動を展開するために必要な学習センター、情報センター、読書センターである。教師が一方的に授業を展開するのではなく、児童生徒が学校図書館メディアを利用した教科学習、総合学習や特別活動で学習内容を深めたり、読書学習によって読書技術を習得したりする教育機関

である。

　もう一つは、「学校図書館は資料を提供する奉仕機関」で、教師や児童生徒の学習活動、読書活動に、必要な資料を提供する奉仕センターである。図書館の基本的な機能は利用者への奉仕機関であり、その理念は学校図書館も公共図書館も同じである。

　第二の「学校図書館の利用からみた機能」は、学校図書館の機能を授業計画に学習方法として、どのように組み入れるかである。教科や特別活動などの学習過程に、学校図書館が十分に活用されているとはいえないのが現状である。

　利用からみた機能の一つは、「学校図書館は学習活動を展開する基盤」で、教科学習、読書学習を展開するために必要な教材が整備されている学習基盤であり、教材センター、メディア・センターである。

　教師は、学校図書館メディアを利用することにより、学習内容の豊かな授業ができ、児童生徒は、学校図書館メディアを利用することによって、学習内容を深めることができる。学校図書館は、児童生徒の学習意欲を引き出して自己学習力を助成する機能をもっている。教師は学校図書館のメディアを利用した教科学習や読書学習を工夫、開発して、児童生徒が学校図書館メディアを利用する学習方法の開発や読書技術の訓練をしなければならない。

　もう一つは、「学校図書館は読書活動を推進する宝庫」で、児童生徒が自発的、主体的な読書活動を推進する知の宝庫であり、健全な教養を育成する読書センター、文化センターである。

　児童生徒は、学校図書館を利用する読書活動によって、知的好奇心を誘発して読書の楽しさを知り、思考力、想像力や豊かな感性をはぐくみ、読書の習慣化、生活化を体得するのである。

　学校図書館の機能を授業の視点から考察すると、①授業に利用する学校図書館——学習センター、読書センター、②授業に役立つ学校図書館——教材センター、③授業を支援する学校図書館——奉仕センターの三極がある。学校図書館は、この三極の機能が相互に作用して、はじめて教育課程の展開に寄与することができる。

〔資料2〕　　　　　学 校 図 書 館 の 機 能

(1)　学校図書館の経営からみた機能
　　　　　①資料を利用する教育機関────授業に利用する学校図書館
　　　　　　　　　　　　　　　　　　　　　☞(2)へつづく→
　　　　　　　　　　　　　　　┌─授業に役立つ学校図書館
　　　　　②資料を提供する奉仕機関─┤
　　　　　　　　　　　　　　　└─授業を支援する学校図書館
(2)　学校図書館の利用からみた機能
　　┌─①学習活動を展開する基盤────教育課程の展開に寄与する
　　│　　（授業＝教科・読書）　　　　（授業を豊かにする）
　　└─②読書活動を推進する宝庫────健全な教養を育成する
　　　　　（授業の発展）　　　　　　（読書の生活化を図る）

〔機能図〕

学校図書館　　授業に利用する
　　　　　　　　学校図書館
　　　　　　　　学習センター
　　　　　　　　読書センター

　　授業に役立つ　　　　　　　　授業を支援する
　　学校図書館　　　　　　　　　学校図書館
　　教材センター　　　　　　　　奉仕センター
公共図書館
　　図書館資料　　　　　　　　　図書館奉仕
　　選択・構成　　　　　　　　　レファレンス

学校図書館のこのような機能を活用するためには、学校図書館をどのように経営するか、学校図書館を利用する授業をどのように推進するか、授業に役立つ学校図書館をどのように整備するか、授業を支援する学校図書館活動をどのように展開するかなどの研究と実践を蓄積して、その成果を交流しなければならない。学校図書館を担当する司書教諭や学校司書、係教職員は、学校図書館を経営する立場から、すべての教員は、学校図書館を利用する立場から、学校図書館が学校教育の内容と方法を変革し、学びを豊かにする役割を果たしているかを点検し、ハード、ソフトの両面から学校図書館の整備を図るのである。

そのためには、校長、全教員が学校図書館の機能を共通に理解して、授業に対する意識を変革する必要がある。学校図書館が整備されて、利用者が増え、学校図書館メディアの貸出し数が増加しても、教員や児童生徒が授業に利用しない、利用できない学校図書館は学校のなかにある意味がない。学校図書館が学校教育に果たす役割は、学校図書館の機能を活用して、授業＝学習過程を豊かにすることである。

4 学校図書館と学習指導要領

(1) 教育思潮の変遷と学校図書館

わが国の学校教育の基準を示している学習指導要領の変遷をみると、新学制発足以来の教育思潮を知ることができる。学校図書館は、「学校のなかの図書館」であるから、学校教育のあり方によって大きな影響を受ける。〔資料3〕

学習指導要領が、はじめてわが国の学校教育に登場したのは1947年（昭和22年）3月で、占領下という特殊な社会事情のなかで、極めて短時日の間に作成されたのである。最初の『学習指導要領一般編（試案）』では、新教育の理念がうたわれ、新しい学校教育の内容が示された。小学校では、新しい教科として、社会科、自由研究が設けられ、家庭科が新しい名前とともに内容を豊かにして加えられた。中学校でも、社会科と自由研究が設けられた。そして、新しい学習指導法として、経験主義、単元学習が導入され、自主的な個別学習

〔資料3〕　　　　　　教育思潮の変遷と学校図書館
- 1947　一般編（試案）　　新教育の理念──社会科、自由研究新設
  - ＊46〜　新教育運動　　一般編（試案、共通）に続いて教科編
  　　　　　　　　　　　　学校図書館の誕生
  　　　　　　　　　　　　経験学習、コア・カリキュラム学習
- 1951　改訂（試案）　　　全面的な改訂、一般編（試案）と教科編
  - ＊50〜53　朝鮮戦争　　自由研究解消──教科外の活動、特別教育活動
  - ＊57.10.4　人工衛星　　経験学習、問題解決学習の後退
- 1958　改訂　　　　　　　国家基準の性格（小・中・高の改訂、告示）
  - ＊52〜　ベビーブーム　保守回帰の時代（55年体制）
  - ＊61.4.12　ボストーク1号　基礎学力の充実、道徳教育の重視
  　　　　　　　　　　　　小学校－特別教育活動
- 1968　改訂　　　　　　　科学技術の進歩、学力至上主義
  - ＊68〜　学園紛争　　　小学校特別活動──学校図書館の利用指導
  - ＊69.7.20　アポロ11号　小学校国語──読書指導の強化（図書の時間）
  　　　　　　　　　　　　小学校算数──集合の導入
- 1977　改訂　　　　　　　ゆとりと充実、図書館の時間
  - ＊85〜　経済高度成長　基礎的、基本的内容の重視
  　　　　　　　　　　　　中学校特別活動──学校図書館の利用の方法
- 1989　改訂　　　　　　　自己教育力、個性重視、国際理解
  - ＊89　冷戦体制崩壊　　小学校──社会科、理科を廃止、生活科を新設
  - ＊90〜　バブル経済破綻　高等学校──社会科を公民科、地歴科に再編成
  - ＊93　55年体制崩壊　　高等学校特別活動──学校図書館の利用
- 1998　改訂　　　　　　　ゆとりと自ら学び考える力
  - ＊02〜　完全週5日制　学習内容の軽減
  　　　　　　　　　　　　総合的な学習の時間の新設

を基調とする個性重視の教育が主張された。

　アメリカの比較的新しい教育の考え方であったバージニア案やカリフォルニヤ案が紹介されて、コア・カリキュラムが学習指導法の主流として大きく取りあげられ、そのような学習形態を展開するために不可欠の設備として学校図書館の整備が急がれた。その後、各学校の教育実践が進むにつれて、この学習指導要領に対する批判が起こり、その改善が強く要請されるようになってきた。1951年（昭和26年）7月には、学習指導要領の第1回の改訂が行われ、自由研究が解消して教科外活動となり、新しく道徳教育の必要が論議されて、道徳教育を学校教育のあらゆる機会に指導すべきことを明示するなど、第二次世界大戦後の教育改革の軌道が修正された。経験主義や単元学習といった新教育の潮流は踏襲されて、『学習指導要領（試案）』の形式はそのままであったが、保守回帰の傾向が強くみられたのである。この改訂で、1947年の学習指導要領の「教科課程」という用語は「教育課程」に改められた。

　1952年4月に、わが国が変則的な講和条約を締結し、米国の占領政策が変化したのを契機にして、義務教育の在り方を問う声が高まり、新教育に対する反動が強まった。特に、基礎学力、道徳教育、地理・歴史教育などが問題視され、学校教育の効率化の観点から教育の内容や方法を改変する問題へと発展し、国情に即した教育課程の改訂が主張された。

　このような情勢を背景にした、1958年（昭和33年）10月の第2回改訂では、『小学校学習指導要領』『中学校学習指導要領』と校種ごとになり、全面的に改訂されて、文部省告示として定められた。学習指導要領の制定当初からあった「試案」の文字が消え、学習指導要領は学校教育の内容に拘束性をもつことになった。1960年10月には『高等学校学習指導要領』を改訂して、告示した。この全面的な改訂は、わが国の第二次世界大戦後の教育改革が中途半端で挫折する端緒となったのである。なお、第2回の学習指導要領改訂では、「学校図書館法」の制定を受けて、初めて学校図書館を取りあげ、「総則」の「指導計画および指導の一般方針」のなかで、「教科書その他の教材、教具などについてつねに研究し、その活用に努めること。また、学校図書館の資料や視聴

覚教材等については、これを精選して活用すること」と述べている。

　一方では、基礎学力の充実や道徳教育の徹底が強調されて、新教育の中核であった経験学習や問題解決学習が後退し、わが国の伝統的な学習形態である知識偏重の系統学習へと学習内容の重心が移動し、「覚える学習」「詰め込み型学習」の時代が復活した。この新教育運動に対する批判は、新教育の旗手的役割を担っていた学校図書館に大きな打撃を与え、その後の学校図書館の発展に多大の影響を及ぼすことになったのである。

　第2回の学習指導要領の改訂以後、わが国は経済の発展、国民生活の向上がめざましく、国際的な地位が高まっていく。また、世界的には、人工衛星の打ち上げやボストークによる地球一周飛行の成功など、科学技術の急激な進歩があった。この流れのなかで学習内容は一層の充実を要求されるようになった。

　このような社会情勢を背景に、1968年（昭和43年）7月に、『小学校学習指導要領』、1969年4月に、『中学校学習指導要領』、1970年10月に、『高等学校学習指導要領』と相次いで第3回の改訂が行われた。1968年の改訂では、教育課程の基準の性格が最低基準から標準基準に改められ、各学校は標準時数に基づいて地域や学校の実態を考慮して、弾力的に授業時数を定めることが可能になった。

　また、「総則」の「教育課程運用上の配慮事項」の一つとして、「教科書その他の教材・教具を活用し、学校図書館を計画的に利用すること。なお、学校の実態に即して、視聴覚教材を適切に選択し、活用して指導の効果を高めること」と述べている。さらに、小学校では、「特別活動」の「学級指導」の学習内容として、はじめて「学校図書館の利用指導」が加えられた。

　しかし、皮肉なことには、科学技術の進歩に応えるために算数や数学及び理科の学習内容の充実が図られたので、知識注入の学習が一層顕著になって、児童生徒に過重な負担を強いる結果となり、過当な進学競争が激化し、学習塾が群生することになった。このころから、「教科書で教える教育」は教壇から姿を消し、「教科書を教える教育」が復活して、必然的に学校図書館への期待も希薄になってきたのである。

この改訂のもう一つの特色は、小学校の1年から6年までの「国語の時間」を、7、9、8、8、7、7時間と大幅に増加して、国語学習における読書指導を強化したことである。国語科では、「読解指導と読書指導」のあり方が論議され、読書指導は国語科か、学校図書館かなどの論争があり、その結果として、全国の多くの小学校が、国語の授業時間の一部を「図書の時間」「読書の時間」に充てたのである。「国語の時間」の読書指導についての研究は、この一時期活発であったが、実践の成果を見ないままに低調になっていった。

　「図書の時間」「読書の時間」は、その後の再三にわたる学習指導要領の改訂でも、「国語の時間」が減少しているにも関わらず、小学校の時間割に、その時間を残している。学校図書館で好きな本を読んだり、本を貸し出したりする時間になっている場合が多く、「図書の時間」とはいえない状況が続いていることは残念である。

　第3回の学習指導要領の改訂は、学校教育が知識の伝達に偏る傾向があるとの指摘があり、児童生徒の知・徳・体の調和のとれた発達をどのように図っていくかが課題として残された。これを受けて1977年（昭和55年）7月に、『小学校学習指導要領』『中学校学習指導要領』、1978年8月に、『高等学校学習指導要領』の第4回改訂が行われた。

　今回の改訂では、各教科の指導内容を精選して基礎的・基本的事項の習得に努めるとともに、各教科の標準時数を削減して、地域や学校の実態に即して授業時数の運用を図った。教師の自主的な裁量の時間を加えることになり、「ゆとりの時間」が設けられたのである。しかし、「ゆとりの時間」は、各学校が教育課程を編成する過程では十分な理解が得られず、初期の目的が達成されないままになっている。その当時、「ゆとりの時間」を「図書館の時間」として活用することが学校図書館関係者の間で大きな研究課題となったが、ごく一部の学校で取り組みが見られた程度で、具体的な発展はなかった。なお、この改訂で、中学校の「特別活動」の学級活動に、初めて「学校図書館の利用」が加えられた。

　1989年（平成元年）3月に、小学校、中学校、高等学校の『学習指導要領』

の第5回の改訂が行われた。この改訂では、「生涯教育の基礎を培うという観点に立ち、21世紀を目指し社会の変化に自ら対応できる、心豊かな人間の育成を図ること」を基本的なねらいとした。教育活動を進めるに当たっては、自ら学ぶ意欲と社会の変化に主体的に対応できる能力の育成を図るとともに、基礎的・基本的な内容の指導を徹底し、自己学習能力の育成と個性重視の教育を強く主張し、学校図書館の機能の活用に努めることを強調している。

「教える時間」よりも、「考える時間」を増やして、「覚える学習から調べて考え発表する学習」へ重点を置くという、「新しい学力観」に基づいた学習の内容や方法を工夫した授業を期待した。

小学校1、2年の社会と理科を統合して、新しい教科として、「生活科」を設定し、「自分と身近な社会や自然とのかかわりに関心をもち、自分自身や自分の生活について考えさせるとともに、その過程において生活上必要な習慣や技能を身に付けさせ、自立への基礎を養うこと」を教科の目標とした。

高等学校は、社会科を地歴科と公民科に分割して再編成し、「特別活動」の「ホームルーム活動」に「学校図書館の利用」を初めて加えた。これによって「学校図書館の利用」は、小学校、中学校、高等学校と一貫して学習指導要領に位置づけられた。しかし、教育活動の全領域にわたって奉仕する機能をもっている、学校図書館についての「利用教育」を、「特別活動」の「学級活動・ホームルーム活動」の学習内容として位置づけていることは、総則に述べている「学校図書館の機能を計画的に利用しその活用に努めること」に対して大きな矛盾があり、学校図書館に対する認識が不十分であることは否めない。

(2) 現行学習指導要領と学校図書館

文部省は、1998年(平成10年)12月14日に、小学校、中学校の『学習指導要領』、1999年3月29日に、高等学校の『学習指導要領』を改訂し、告示した。1947年に『学習指導要領(試案)』を発表してから6回目の改訂である。

今回の改訂は、「ゆとりと自ら学び考える力」を目指して、①教える内容を約3割減らし、年間授業の8割ぐらいの時間で指導できるようにする、②多様

なテーマに目を向け、自ら考える力を養う「総合的な学習の時間」を小学校3年生以上に新設する、③課題・教科選択を小学校高学年段階から拡大する、④特色ある教育ができるよう授業時間を伸縮できるようにすること、を柱にしている。小学校、中学校、高等学校の学習指導要領は、「総則」の「第1 教育課程編成の一般方針」に、「学校の教育活動を進めるに当たっては、各学校において、児童生徒に生きる力をはぐくむことを目指し、創意工夫を生かし特色ある教育活動を展開する中で、自ら学び自ら考える力の育成を図るとともに、基礎的・基本的な内容の確実な定着を図り、個性を生かす教育の充実に努めなければならない」と述べている。

さらに、「総合的な学習の時間」を設定し、その取扱いでは、「①自ら課題を見付け、自ら学び、自ら考え、主体的に判断し、よりよく問題を解決する資質や能力を育てること。②学び方やものの考え方を身に付け、問題の解決や探求活動に主体的、創造的に取り組む態度を育て、自己の生き方を考えることができるようにすること」を指導のねらいとしている。「総合的な学習の時間」の学習活動を行うに当たっては、「自然体験やボランティア活動、就業体験などの社会体験、観察・実験・実習、調査・研究、発表や討論、ものづくりや生産活動などの体験的な学習、問題解決的な学習を積極的に取り入れること」を配慮するよう指導している。

小学校学習指導要領の「指導計画の作成等に当たって配慮すべき事項」には、学校図書館に関連する事項として次のことがある。

　⑵　各教科等の指導に当たっては、体験的な学習や問題解決的な学習を重視するとともに、児童の興味・関心を生かし、自主的、自発的な学習が促されるよう工夫すること。

　⑸　各教科等の指導に当たっては、児童が学習内容を確実に身に付けることができるよう、学校や児童の実態に応じ個別指導やグループ別指導、繰り返し指導、教師の協力的な指導など指導方法や指導体制を工夫改善し、個に応じた指導の充実を図ること。

　⑻　各教科等の指導に当たっては、児童がコンピュータや情報通信ネット

ワークなどの情報手段に慣れ親しみ、適切に活用する学習活動を充実するとともに、視聴覚教材や教育機器などの教材・教具の適切な活用を図ること。
　(9)　学校図書館を計画的に利用しその機能の活用を図り、児童の主体的、意欲的な学習活動や読書活動を充実すること。

　中学校学習指導要領は、「総則」の「指導計画の作成等に当たって配慮すべき事項」の、(2)・(6)・(9)・(10)で、高等学校学習指導要領は、同じく、(8)・(9)で小学校と同じことを述べている。「学校図書館の利用」は、小学校、中学校、高等学校ともに、特別活動の学級活動、ホームルーム活動の学習内容として継続している。

　概観してきた6回に及ぶ学習指導要領の改訂では、常に、学習内容の精選と充実が強調され、学校図書館を計画的に活用する、自主的、個別的な学習の必要性を主張している。しかし、学校現場は、学習指導要領の一貫性に欠ける改訂によって、改訂の主旨が理解できないままに消化不良に陥り、次々と大きな課題を背負い込むばかりで、改革の試みは何一つ定着しないばかりか、試行錯誤の繰り返しである。

　学校図書館を学校教育に制度として位置づけて半世紀を経たが、学校教育の内容や方法には変化がみられない。特に、画一的な一斉学習による、一方的に知識を注入する授業から脱却できないのである。教育課程の展開に学校図書館の機能を活用して、学校図書館を利用する授業を普遍化することは、わが国の学校教育を変革するために緊急を要する課題である。

第3章　　学校図書館の経営

1　学校経営と学校図書館

(1)　教育課程と学校図書館

　学校図書館を生かすためには、学校経営のなかに学校図書館を具体的に組み込むことが必要である。学校の教育目標を達成する総合的な教育計画である教育課程を編成する過程で、学校図書館の学校教育に果たす役割を十分に認識して、学校図書館の機能の活用を位置づけなければならない。

　各学校では、学年度の当初に学校経営方針や教育課程を策定するが、それらの計画のなかに学校図書館を位置づけていることが少ない。学校の教育目標に「個性を生かし、豊かな情操を養う」「自己教育力を育てる学習指導」といった、学校図書館を必要とする指針を掲げていても、学校図書館との関連について述べていない場合が多い。むしろ、学校図書館との関連に言及していることのほうが珍しい。さらに、教科、総合学習、特別活動の年間計画のなかに、学校図書館との関連を取り上げていることが少ない。学校図書館は、それぞれの学校の教育課程に組み込まれて、教育目標の達成に役立つことができる。

　学校経営、教育計画の重点や教育課程の編成のなかに、学校図書館を明確に位置づけることによって、教師集団は学校のなかの図書館の役割を改めて確認して、教科学習、読書学習の授業で、学校図書館の機能を積極的に活用するのである。教育課程の編成に当たっては、学習指導要領の総則に述べている「計画作成の配慮事項」や教科、総合学習、特別活動の学習目標に即した、学校図書館の機能を活用する授業を計画し、自己教育力を育成する授業＝学習過程を工夫、開発するなど、創造的な学習方法の試みが必要である。

　そのためには、授業を担当する教師たちに、次の期待を寄せざるを得ない。

第一は、全校の教師が、わが国の伝統的な学習形態である、画一的な一斉学習や一方的な知識の注入による暗記学習の弊害について理解を深め、教師一人ひとりが授業に対する考え方や児童生徒が学習することの意義や目的に対する考え方、即ち、授業観や学習観についての意識を変革することである。

　第二は、このような伝統的な学習形態から抜け出すことができないでいる閉塞的な学校体制のなかで、教師が実現の可能な方途を見いだして、自主的、個別的な学習を展開するための学習方法の改革を試みる気概を持つことである。

　第三は、児童生徒が学習に対して、自主的、自発的に取り組み、自ら問題を解決するための手法や過程を発見することの大切さを重視して、教師は、児童生徒が主体的、意欲的に学習に挑戦するような創意のある授業を組織することである。

(2) **学校図書館の経営計画**

　学校図書館は、それぞれの学校の教育課程に基づいて、学校図書館の経営計画〔資料4〕を立案しなければならない。各学校で計画されているのは、ほとんど学校図書館の運営計画、行事計画であって、教育課程に直結した学校図書館の経営計画は提出されていない。

　学年度最初の職員会議に、「学校図書館の経営計画」「学校図書館概要」などを提案して、全校の教師に学校図書館の経営について主張することは、大変重要な意味をもっている。学校図書館の活動は、ここから始まるのである。

　学校図書館の経営計画の立案に当たっては、次のような項目について具体的な方針や計画を述べることが必要である。

　①学校図書館の経営
　②学校図書館メディアの収集
　③学校図書館を利用する授業
　④学校図書館の運用
　⑤学校図書館の活動

〔資料4〕　　　平成14年度　学校図書館の経営計画(案)
1.「学校図書館」の基本的な考え方
　　学校図書館は、教育課程の展開に寄与するとともに、児童の健全な教養を育成することを目的とする専門図書館である。
　　学校図書館は、調べさせたり、読ませたりする教育機関であり、調べたい、読みたいの要求に応える奉仕機関である。
2. 学校図書館メディアの収集方針
　　教科学習、読書学習の基盤となる学校図書館メディアを中心に収集する。
3.「図書館の時間」の設定
　　学級ごとに一週一単位時間の「図書館の時間」を設定して、優先的に学校図書館を利用する時間とする。固定時間割表では、3～6年の総合の時間に設定するが、学習内容から考えて、国語、社会、理科などの教科、総合学習、道徳、特別活動の時間として、学級単位で授業の週時間数を調整する。
　　指導内容は、学校図書館メディアを利用する授業、利用教育の授業、読書教育の授業である。
4. 学校図書館を利用する授業
　(1)　学校図書館メディアを利用する授業
　　　学校図書館メディアを利用して、学習内容を豊かにする。
　　　①学級担任が学校図書館メディアを利用する授業の支援
　　　②学級担任と司書教諭が協力する授業
　(2)　利用教育の授業
　　　①教科学習のなかでの利用学習
　　　　教科の学習過程のなかで学校図書館メディアを活用する方法を学習する。指導目標は教科と利用教育の両面からの目標になる。
　　　②学級活動のなかでの利用学習

学校図書館や学校図書館メディアを利用する基本的な知識を学習する。
  (3) 読書教育の授業
    ①教科学習のなかでの読書学習
    教科学習として読書学習を計画する。
    ②学級活動のなかでの読書学習
    学級活動として読書学習を計画する。
      ・ストーリーテリング、ブックトーク、読み聞かせ、聞かせ読みなどをする。
      ・読書記録、読書感想文の指導をする。国語の読む、書くの指導を基礎にした総合的な学習である。どの本でどのように書くかなど個別的な指導が必要である。
5. 学校図書館の活動
  (1) 支援活動
    ①各学年の教材準備への協力
    ②資料案内、発展学習
    ③ストーリーテリング、ブックトーク
    ④読み聞かせ、聞かせ読み
  (2) 奉仕活動
    ①閲覧、貸出（児童、教員）
    ②掲示、展示（新刊案内書架、掲示板）
    ③図書館だより「本は友だち」の発行
    ④「図書館タイム」の放送
  (3) 行事活動
    ①朝の読書タイム
    ②読書集会、読書まつり
    ③校内・市・県読書感想文コンクール
    ④小学生の親子読書会（4年）
6. 貸出し

(1)　日　　時——毎日開館　朝の始業前・20分休み・昼休み・放課後
　　(2)　冊数と期間——ひとり2冊まで1週間とする。
　　　　　　　　　　　調べ学習のときは必要に応じる。
　　(3)　借出し方、返し方——借出し券はカウンターに保管する。
　　(4)　学級の一括借出し——担任の借出し券を使用する。
　　(5)　予約貸出を実施する。
　7．ボランティアの活動
　　(1)　月〜金　13:00 − 16:00
　　(2)　カウンターでの貸出し、返却
　　(3)　書架の整理
　　(4)　本の修理
　　(5)　図書館の美化
　　(6)　お話会、読書集会

2　学校図書館の組織と職員

(1)　校務分掌と学校図書館

　学校の校務分掌は、それぞれの学校が教育目標を達成するために、学校運営を具体的に展開する組織である。学校図書館を活用するためには、教育活動に果たす機能を十分に認識して、校務分掌における学校図書館の的確な位置づけを工夫しなければならない。
　校務分掌における学校図書館の位置づけ〔資料5〕をみることによって、その学校が学校図書館の機能をどのように考えているか、学校図書館を必要とする教育を推進しようとしているかなど、学校図書館に対する考え方を知ることができる。校務分掌を類型的に整理して、学校図書館の位置づけについて考察をする。

A校の例は、小学校によくみられる校務分掌である。この分掌は学習指導要領に基づいて指導の系統性を大切にしている校務分掌である。そのために、学校図書館の位置づけが、特別活動の学級活動の学習内容として取り扱われていて、学校図書館を教育活動の全領域にわたって活用するという機能が生かされる組織になっていない。大切なのは全校的な視点に立った学校図書館の位置づけである。
　B校、C校の例は、小学校、中学校で、一般的にみられる校務分掌である。B校の場合は、分掌として若干の相違はみられるが、学校図書館が学習の領域として取り扱われていて、どちらかというとA校に近い考え方である。
　C校の場合は、学校図書館を教務の分掌として位置づけているので、学校図書館が教育方法として必要な機能を有していることが明確である。この位置づけであれば、全校的な視点から学校図書館の経営と利用を展開することが可能な校務分掌といえよう。
　D校の例は、中学校の一部や高等学校で多くみられる校務分掌である。学校図書館の学習センター、情報センター、読書センター、教材センター、奉仕センターとしての機能を活用するためには、このように校務分掌の独立した部で、他の各部との連携が可能な位置づけが大切である。
　その他では、学校図書館が、校務分掌の教科外指導、生活指導、文化部門、管理部門に位置づけられている場合がある。また、学校図書館が、管理部門、指導部門、事務部門に分散して位置づけられている場合もみられる。これでは学校図書館の機能を一元化できないばかりでなく、学校図書館の経営に支障を来すことになる。このような事例からみると、学校図書館は教員の間で、この程度にしか認識されていないのであり、それぞれの学校において、いかに学校図書館が軽視されているかを知ることができる。
　校務分掌のなかの学校図書館の位置づけは、学校図書館が誕生した当時に主張された、「学校図書館は学校の心臓部である」という理念に基づいて、学校経営＝学校図書館経営の立場から、教育活動の全領域にわたって機能するように、さらに研究を深めなければならない課題である。

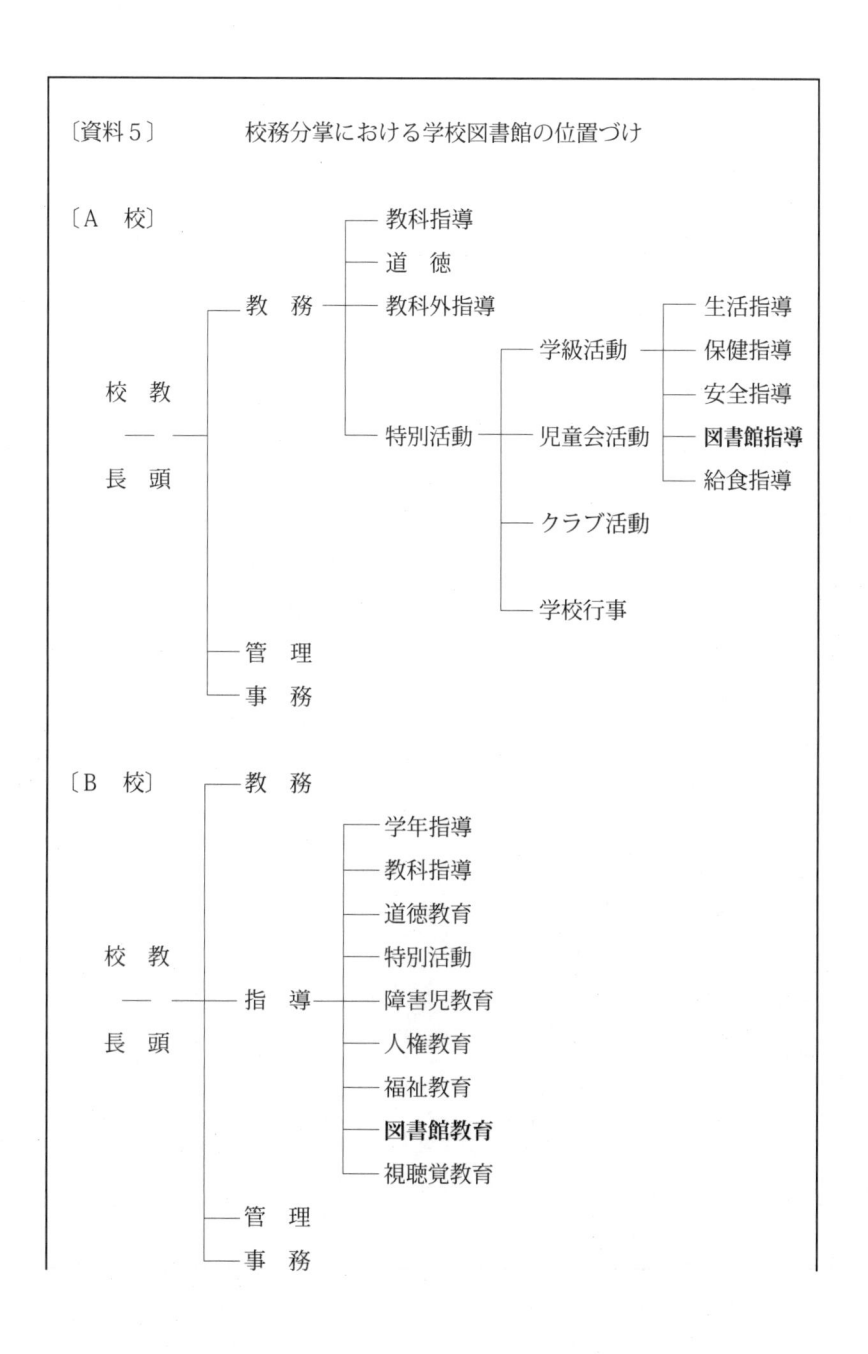

〔資料5〕　校務分掌における学校図書館の位置づけ

〔A校〕

校長 — 教頭
├─ 教務
│   ├─ 教科指導
│   ├─ 道　徳
│   ├─ 教科外指導
│   └─ 特別活動
│   ├─ 学級活動
│   ├─ 児童会活動 ─ 生活指導／保健指導／安全指導／**図書館指導**／給食指導
│   ├─ クラブ活動
│   └─ 学校行事
├─ 管理
└─ 事務

〔B校〕

校長 — 教頭
├─ 教務
├─ 指導
│   ├─ 学年指導
│   ├─ 教科指導
│   ├─ 道徳教育
│   ├─ 特別活動
│   ├─ 障害児教育
│   ├─ 人権教育
│   ├─ 福祉教育
│   ├─ **図書館教育**
│   └─ 視聴覚教育
├─ 管理
└─ 事務

〔C校〕

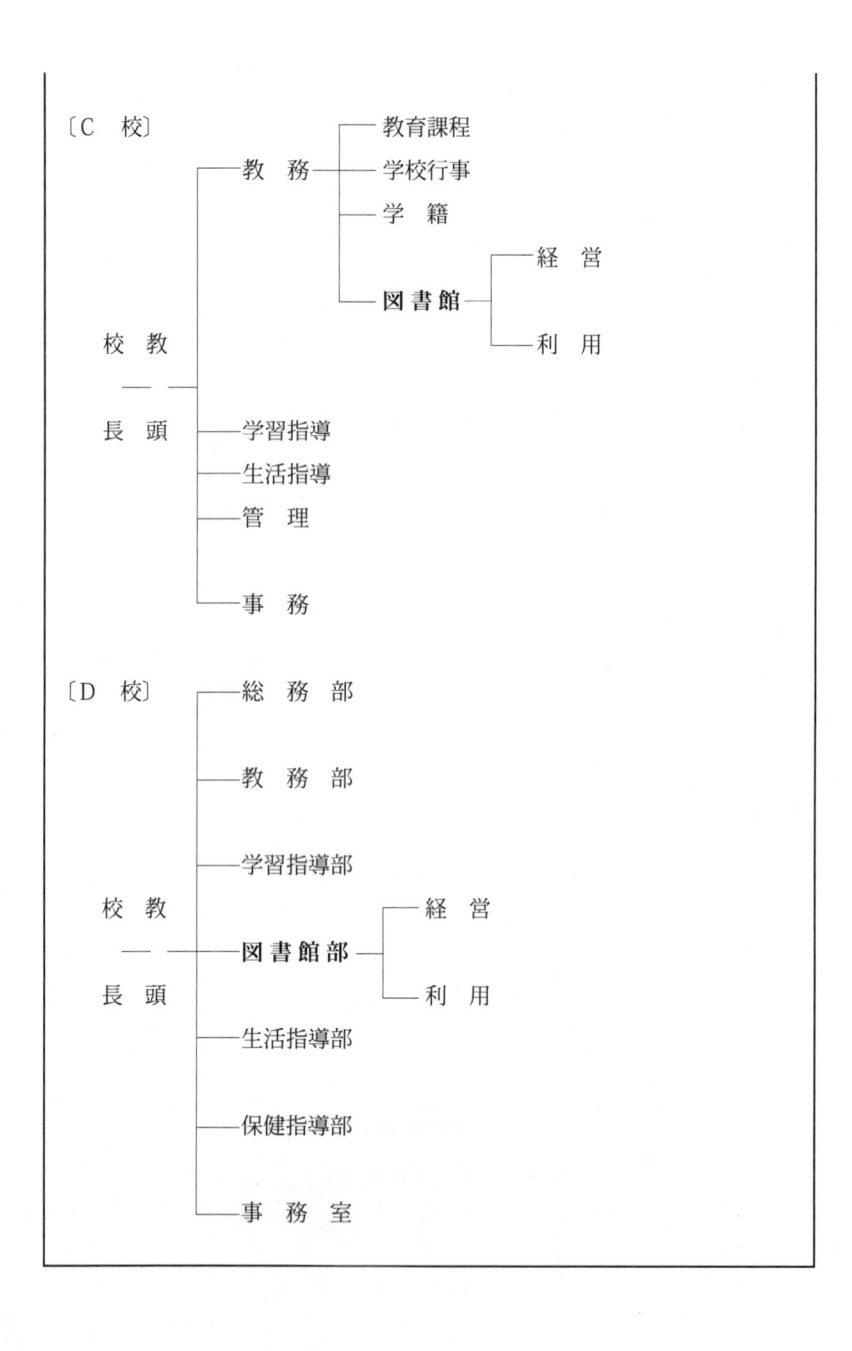

校長 — 教頭
- 教務
  - 教育課程
  - 学校行事
  - 学籍
  - **図書館**
    - 経営
    - 利用
- 学習指導
- 生活指導
- 管理
- 事務

〔D校〕

校長 — 教頭
- 総務部
- 教務部
- 学習指導部
- **図書館部**
  - 経営
  - 利用
- 生活指導部
- 保健指導部
- 事務室

(2) 図書館部の組織

　学校図書館を経営するためには、複数の係職員がいて、それぞれの仕事を分担して、能率的な活動をする組織が必要である。経営の側からは、資料の管理や学校図書館活動の仕事を担当する係が必要である。利用の側からは、学校図書館を利用する授業の推進やそのための資料の選択、収集などを分担する係が必要となる。図書館部の組織は、経営と利用のプロジェクト・チームを編成して、図書館部全員の会議で討議するようにしたい。学校図書館に関連する委員会としては、学校図書館運営委員会、資料選択委員会の設置が必要である。

　学校図書館運営委員会は、学校図書館が学校における教育活動の中心的な機能を発揮するために、重要な役割をもつ委員会である。校長、図書館部長、司書教諭、学校司書、校務分掌の各部の代表などで構成し、学校図書館の経営方針、予算・決算、年間の主な指導や活動の計画などを審議して決定する。

　資料選択委員会は、学校図書館の経営方針にもとづいて、教育課程を展開するために必要な学校図書館メディアを選択する組織である。委員は一般に、学年、教科、特別活動を代表する教員および図書館部長、司書教諭、学校司書などで構成し、資料に対する学校全体の意見や要望を集約する。

　資料選択委員会の任務は「資料収集計画」を立て、「資料の選択方針」「資料の廃棄基準」を定めて、実際の購入予定資料について相談することが大切である。そのためには、司書教諭や学校司書は、委員会の審議が幅広い視野から公正、的確に行われるように、各種の資料目録や資料情報、その他選択のための参考資料を準備して、提供することが大切である。資料の選択が、校内において組織的に行われなくて、学校図書館の専任者だけに任されていると、資料の選択に偏りが出たり、選択に対する批判が起こる原因になるばかりでなく、資料が学習活動、読書活動に役立たなくなるので、資料選択委員会を設置し、効果的な運営を図ることが重要である。

(3) 職員の分担と職務

　学校の教職員が学校図書館とどのように関わり、どのような役割を果たすべきかを考えてみる。

① 校長の立場と役割

　学校図書館の充実には、なによりも学校長の学校図書館に対する識見と理解が必要である。校長は学校経営の立場から学校教育に果たす学校図書館の意義と機能について十分に認識し、学校図書館の経営と利用が活発に実現するように配慮しなければならない。

　具体的には、次のようなことが考えられる。

1) 学校経営における学校図書館の位置づけ（教育課程、校務分掌）
2) 学校図書館の充実計画の策定
3) 適材教職員の配置と督励、指導
4) 全教職員に対する指導
5) 地域への啓蒙と提携

　学校図書館を担当する司書教諭に、最もふさわしい適任者を、全校の教員の中から選んで任命するのは、校長の大切な職務である。学校図書館の専門職員には、次のような資質が必要である。

1) 学校運営と学校図書館の関連を理解する。
　　学校運営の基本である、教育課程、校務分掌、予算編成などに知識がないと、学校図書館の経営が困難である。
2) 学校図書館の理念を明確にする。
　　学校図書館の意義や機能を理解して、学校図書館の経営、運用と学校図書館を利用する授業に関する専門的知識がある。
3) 授業の工夫や開発に熱意がある。
　　児童生徒の自己学習力の育成には、教師の授業計画、自己学習力が試されるのである。
4) 学校図書館の資料や組織化に知識がある。
　　資料の知識が豊富で、資料の選択力、収集力があり、資料の組織化と管理ができる専門的能力が必要である。
5) 学校図書館活動に積極的に取り組む。
　　学校図書館職員には、利用者に対する奉仕の精神と職務への使命感が必

要である。
　6) 知的好奇心や自己学習力が旺盛である。
　　教育活動に資料や情報を提供する学校図書館は、常に新鮮な資料や情報が求められる。研修の機会は、自らが開拓するのである。
② 　司書教諭の職務と活動
　学校図書館を整備して、その機能を活用するためには、学校図書館の専門職員が必要なことはいうまでもない。学校図書館の経営を円滑にするためには、「学校図書館法」「学校図書館基準」に定めている司書教諭及び事務助手（学校図書館事務職員・学校司書）の配置を実現しなければならない。
　司書教諭は、教育課程（授業＝学習過程）と学校図書館の機能を結ぶ組織者であり、学校図書館の経営的な職務を担当する教員である。主として、学校図書館の経営的、指導的な職務〔資料６〕を分担して、学校図書館が、その機能を十全に果たすことが可能なように、教育課程に基づいた学校図書館を経営するのである。なお、司書教諭は、学校図書館法第５条第２項に「教諭をもって充てる」と規定されているように、当該校の教諭の中から任命される。その場合、教育課程の編成に参画できるように、教職を10年以上は経験した教職経験の豊かな教員を選任したい。
③ 　学校司書の職務と活動
　学校司書は、児童生徒及び教員（利用者）と学校図書館の機能を結ぶ奉仕者であり、学校図書館の運用的な職務を担当する専門職員である。主として、学校図書館の運用的、奉仕的な職務を分担して、学校図書館の専門的業務にあたり、学校図書館資料の組織化を図り、児童生徒及び教員に対して資料を提供するなど、学校図書館を運用する推進力となる。
　このためには、「学校司書課程」を制度化する必要がある。それによって学校図書館の特性に対応できる専門的な知識や技術を修得できるようにしなければならない。
④ 　図書館係教諭の職務と活動
　学校図書館の経営・利用、資料の選択・収集、児童・生徒図書委員会の指導、

学校図書館活動などの職務を、司書教諭や学校司書とともに分担する。係教諭の積極的な参画が学校図書館の活動を充実する原動力になる。
⑤　一般の教員の任務
　学校図書館運営委員会、資料選択委員会などへ参画する。そして、日常的に学校図書館を利用する立場から、学校図書館の経営に対して積極的に提案することが大切である。

〔資料6〕　　　　　　司書教諭・学校司書の職務
◎経営的内容
　教育課程編成への参画、学校図書館の経営計画の立案と実施、学校図書館職員の編成と組織、校長および校内諸組織への報告と連絡、職員会議や各種委員会の議案の作成と提案、諸規則の立案並びに改善、研修計画の立案と推進、予算計画と執行、決算報告、調査統計の実施と活用、諸記録・帳簿の管理、施設・備品の整備と管理、学校図書館の評価と改善、他の学校図書館・公共図書館・研究団体との連絡。
◎指導的内容
　学校図書館を利用する教育課程（利用教育・読書教育を含む）の編成と授業の推進、学校図書館メディアの選択、学校図書館活動の立案と推進、児童・生徒図書委員会の指導、読書会・読書クラブの指導。
◎運用的内容
　学校図書館メディアの情報収集、発注と受入れ、分類の決定、目録の作成、資料の装備と配架、資料の管理と補修、資料の点検と除籍、新聞雑誌の記事索引の作成。
◎奉仕的内容
　閲覧、貸出、資料案内、読書相談、レファレンス・サービス、教員の教材準備への協力、視聴覚器材の管理と操作、学校図書館の広報活動、学校図書館行事の立案と推進。

3 学校図書館の資料と経費

(1) 教育課程と学校図書館メディア

学校図書館法第2条に、「学校図書館は、図書、視覚聴覚教育の資料その他学校教育に必要な資料を収集し、整理し、及び保存し、これを児童生徒及び教員の利用に供することによって、学校の教育課程の展開に寄与するとともに、児童又は生徒の健全な教養を育成する」と規定している。

学校図書館メディアは、学習活動や読書活動に利用して、授業を豊かにするために、教員と児童生徒が共有する教材群である。学習過程で知識や情報を収集したり、考え方を理解したりする方法を習得することにより、自発的な学習意欲を喚起し、自己学習力を身につけることができる。まさに、「学び方を学ぶ── Learning how to learn」という教育観が、学校図書館の存在を意義づける。そのためには、小学校、中学校、高等学校の児童生徒の発達段階や高等学校の多様な専門課程に対応し、学校図書館メディアを、精選して収集しなければならない。

例えば、社会科の学習資料としてよく利用されている副教材に『社会科学習資料』があるが、このような既成の資料集をハンドブックとして利用するのではなくて、学校図書館にある関連資料のすべてを「社会科資料」と考えなければならない。児童生徒がメディアを活用する「調べ学習」の過程で、自分の「社会科資料集」を作成するような学習活動が必要なのである。

(2) 学校図書館メディアの種類

学校図書館メディアをリストアップすれば〔資料7〕のようになる。図書資料がその主要部分を占めてきたが、教材センター、メディア・センターとしての学校図書館の機能を生かすためには、マスメディアの発達に即応した、多様な種類の学校図書館メディアを収集することが必要である。学校図書館メディアは、資料の形態や必要とする装置の違いによって区分する。以下、必要な留意点を考える。

図書は、次のような五つの条件を満たす記録物である。

①文字、図、写真によって表現された内容がある。
②内容を紙に印刷している。
③ある程度以上の分量がある。
④印刷した紙をまとめて製本している。
⑤逐次刊行物でない。

なお、1964年にユネスコ総会で採択された「図書及び定期刊行物の出版についての統計の国際的な標準化に関する勧告」では、本文49ページ以上が図書、5ページ以上48ページ以下がパンフレット、4ページ以下がリーフレットと定めている。

図書以外の資料（non-book materials）は、図書としての形態をとらない図書館メディアをいう。図書以外の資料である、ＣＤ、ビデオテープ、ＤＶＤ、ＣＤ－ＲＯＭも、教員が学習教材として準備するのとは別に、児童生徒が自ら進んで、学習課題の解決に利用するという視点に立った収集でなければならない。学校図書館のメディアを個別に利用するための設備を充実することは、学校図書館が当面する大切な課題の一つである。

また、新聞、雑誌、ファイル資料、児童生徒並びに教員の自作資料の充実も検討を要する課題である。これらの資料は、その必要性が指摘されながら、学校図書館メディアとして十分に活用しているとはいえないのが現状である。

〔資料7〕　　　　　　学校図書館メディア
(1) 印刷資料
　① 一般図書　　学習書、教養書、文学書（物語・小説等）
　② 参考図書　　書誌、辞典、事典（百科・専門・人名）、年鑑、統計、白書、年表、地図、図鑑
　③ 逐次刊行物　新聞、雑誌
(2) ファイル資料（Information File）
　① パンフレット（Pamphlet. 小冊子）
　② リーフレット（Leaflet）

③　切り抜き（Clipping）
　　　④　一枚もの、コピー
　(3)　簡易視覚資料
　　　　　　紙しばい
　　　　　　絵はがき、写真、絵画
　　　　　　図表、グラフ、ポスター
　　　　　　掛地図、掛図
　(4)　視聴覚資料（ＡＶ資料：Audio Visual Materials）
　　　①　録音資料
　　　　　　カセットテープ（ＴＣ：Cassette Tape）
　　　　　　コンパクトディスク（ＣＤ：Compact Disc）
　　　　　　マイクロディスク（ＭＤ：Micro Disc）
　　　　　　ＬＰレコード（ＲＬ：Long Playing Record）
　　　　　　ＥＰレコード（ＲＥ：Extended Playing Record）
　　　②　映像資料
　　　　　　スライド（ＳＬ：Slide）
　　　　　　フィルムストリップ（ＦＳ：Film Strip）
　　　　　　8mm映画フィルム（Ｆ8：8㎜ Film）
　　　　　　16mm映画フィルム（Ｆ16：16㎜ Film）
　　　　　　マイクロ資料（ＭＦ：Microform）
　　　　　　トランスペアレンシー（ＴＰ：Transparency；ＯＨＰシート）
　　　　　　ビデオテープ（ＶＣ：Cassette Video Tape）
　　　　　　レーザーディスク（ＬＤ：Laser Disc）
　　　　　　デジタルビデオディスク（ＤＶＤ：Digital Video Disc）
　　　③　コンピュータソフト資料
　　　　　　ＣＤ－ＲＯＭ（ＣＳ：Read Only Memory）
　　　　　　磁気ディスク（ＦＤ：Floppy Disk）
　　　　　　オンライン・データベース

(5) 実物資料
　　　　模型、標本、教具類
(6) 自作資料
　　　　教員や児童生徒の作品

(3) 学校図書館の予算編成

　学校図書館法では、第3条（設置義務）に、「学校には、学校図書館を設けなければならない」と定め、第6条（設置者の任務）に、「学校の設置者は学校図書館を整備し、及び充実を図ることに努めなければならない」とある。これは、学校図書館に関わる経費は、すべて公費で負担することを明記しているのである。

　しかし、学校図書館は学校の付設的な設備と考えられているために、今日でも、児童生徒から徴収した経費で運営されている学校があり、公費支弁の原則が貫かれていないことは残念である。学校図書館の担当者は、公費負担が当然であることを十分に理解した上で、当面の経理を執行することが肝要である。

　学校図書館の主たる経費である図書費は、公立の小学校、中学校の場合、1986年に学校図書館法が改正されて義務教育国庫負担法の教材費に移管されたときから、地方交付税に積算されて「教材用図書及び備品」の品目に含まれている。さらに、1994年度からは、「学校図書館図書整備新5か年計画」に基づいて、学校図書館図書の購入費が従前の教材費に上乗せして地方交付税に積算されている。

　このため、各学校へ年度当初に配分される予算額のなかには、必ずしも「図書費」の明示がないために図書費の少ないことが指摘されることがある。図書費は予算要求がないと、他に転用される性格をもっている。これを防ぐためには、年度当初にしっかりした予算編成を行い、他に転用されないように予算額の完全な執行に努力する必要がある。また、図書費は、一般的に備品費と消耗品費の両方に積算して計上されていて、備品費の図書は、金額の下限と耐用年数が決められているから、経理担当者から十分な説明を受けるようにしたい。

学校図書館の予算は、学校図書館の経営計画に基づいて編成するが、学校図書館の活性化は、恒常的に一定の予算額が保障されていないと継続性が期待できない。これを実現するためには、合理的な予算計画と長期的な資料の収集計画が必要である。そのための資料には、「学校図書館図書標準（文部省）」「学校図書館数量基準（全国学校図書館協議会）」「学校図書館メディア基準（全国学校図書館協議会）」がある。

小学校、中学校、高等学校の平均的規模の学校が備えるべき図書資料を、上記の「図書標準」「数量基準」に基づいて試算すると次のようになる。

小学校（18学級規模）　　　7,960 ＋ 400 × (18 − 12) ＝ 10,360（冊）
中学校（15学級規模）　　　10,720 ＋ 480 × (15 − 12) ＝ 12,160（冊）
高等学校（24学級規模）　　16,720 ＋ 11 × (960 − 720) ＝ 19,360（冊）

図書標準冊数、数量基準冊数は到達目標の数値ではなくて、教育活動に必要な図書資料の冊数であるから、更新することを考えなければならない。この冊数を20年間に更新するとすれば、1年間に、小学校は518冊、中学校は608冊、高等学校は968冊の購入が必要となる。全国ＳＬＡが発表した2002年度の図書平均単価は、小学校が1,508円、中学校が1,955円、高等学校が2,277円であるから、図書資料の購入費として次の金額が必要になる。このように具体的な金額を教育委員会や職員会議などに提示して、学校図書館予算の少ないことが初めて認識される。

小学校　　　1,508 × 518 ＝ 781,144（円）
中学校　　　1,955 × 608 ＝ 1,188,640（円）
高等学校　　2,277 × 968 ＝ 2,204,136（円）

予算の配分で大切なことは、予算額が決定してから学校図書館メディアの購入計画を起案するようでは、学校図書館メディアは充実しないということである。日ごろから必要な学校図書館メディアは控えておいて、少なくとも学年度末の1月には、購入を予定する学校図書館メディアの7割程度のリストを準備することである。予算の積算根拠と購入を必要とする学校図書館メディアのリストを明確にすることが予算確保の第一歩である。

兵庫県西宮市では、「義務教育国庫負担法」に基づく「学校配分予算」の適正を期するため、1968年度に「学校運営費標準および設備基準」を制定し、78年、87年に大改定を行い、その後は部分修正をしながら現在に至っている。この「運営費標準」の検討には西宮市立小学校教科等研究会学校図書館部会（以下、西宮市小教研学校図書館部会という）も参画してきた。学校図書館の経費は「運営費標準」に積算されているので、学校図書館に配分される予算は常に公開されていて、担当者は容易に予算を算出することができる。各学校では、この積算による配分額を基準にして予算計画を立案するのである。

　西宮市の場合は、備品費の図書は、単価5,000円以上、耐用年数は4年と定められている。備品費の図書費としては、小学校は単価2,000円、中学校は単価2,500円が配分されている。消耗品費の図書は耐用年数は1年で、図書費は小学校は単価1,000円、中学校は単価1,500円である。西宮市立小学校に配分される予算額から単年度の図書費を積算すると、児童数720人（18学級）の学校の場合、図書費の最低の予算額は次のようになる。図書を購入するに当たっては、消耗品費で購入するのを原則としたいが、学校の予算は備品費に余裕のある場合が多いので、備品費からの計画的な購入を工夫したいものである。

　　備 品 費　　2,000 × (720 × 1/2) × 1/4 ＝ 180,000（円）
　　消耗品費　　1,000 × (720 × 1/2) × 1 ＝ 360,000（円）
　　合　　計　　180,000 ＋ 360,000 ＝ 540,000（円）

(4)　経営報告と決算報告

　年度末には、経営報告並びに決算報告を作成して、後述する学校図書館評価とともに職員会議に報告するようにしたい。これは詳しい報告にこしたことはないが、それよりも簡単な報告でもよいから、毎年継続して行うことが大切である。

　例えば、西宮市小教研学校図書館部会では、自主的な活動として、各小学校図書館が、年度ごとに共通した「西宮市小学校図書館総括表」〔資料8〕を作成している。さらに、この総括表を集計した「学校図書館総括表一覧」を作成

して統計資料として役立てている。このような総括表の作成は、20年以上継続して実施しているが、各小学校図書館の現状の把握が容易になり、いい意味での相互の刺激にもなって、波及効果は想像以上に大きい。

〔資料8〕　　平成13年度(2001年度)　西宮市小学校図書館総括表

　　　　　　　　　　　　　　　西宮市立＿＿＿＿＿＿＿小学校
　　　　　　　　　　　　　　　児童数＿＿＿＿＿＿＿名
　　　　　　　　　　　　　　　学級数＿＿＿＿＿＿＿学級

【1】会計決算（校内配分額＋財務課追加額の合計）
　(1) 図書費　　　　　　　　　　　　合計　＿＿＿＿＿＿＿円
　　① 消耗品費　　　　　　　　　　　　　＿＿＿＿＿＿＿円

　　② 備品費　　　　　　　　　　　　　　＿＿＿＿＿＿＿円

　(2) 図書以外の経費　　　　　　　　合計　＿＿＿＿＿＿＿円
　　① 備品費　　　　　　　　　　　　　　＿＿＿＿＿＿＿円
　　　内訳

　　② 消耗品費　　　　　　　　　　　　　＿＿＿＿＿＿＿円
　　　内訳

　　③ その他　　　　　　　　　　　　　　＿＿＿＿＿＿＿円
　　　内訳

【2】蔵書統計
　(1) 本年度受入れ冊数　　　　　　　　　＿＿＿＿＿＿＿冊
　　　　登録番号（　　　　　～　　　　　　）

```
            ┌── 消耗品費で購入した図書      _____ 冊
    内訳 ──┼── 備品費で購入した図書        _____ 冊
            └── 市費予算外で受け入れた図書  _____ 冊

  (2) 本年度除籍冊数                         _____ 冊

  (3) 本年度末蔵書冊数                       _____ 冊

【3】その他
  (1) 貸出し統計
          （年間貸出し総冊数÷児童数＝ひとり平均年間借出し冊数）
              _____÷_____＝_____ 冊
  (2) 図書館部会が組織されているか。
          組織なし／組織されている（人員_____名、開催回数_____回）
  (3) 蔵書点検をしましたか。
          していない／した（何日かかりましたか　_____日）
  (4) ボランティアを受け入れていますか。
          いない／いる（登録者数は　_____人）
  (一部省略)
```

4　学校図書館の施設と設備

(1) 学校図書館の基本的な条件

①　学校図書館の位置

　学校図書館は学校における教育活動の中心機関であるから、その位置の適否は、利用価値を決定する重要な条件である。そのためには、児童生徒の学校における生活動線を考え、児童生徒、教員が教材センターとして、授業時

間中や休みの時間、放課後などの利用に最も便利なところに設置する必要がある。学校図書館が4階建て校舎の最上階や3階の端にあったのでは、利用者の足が遠退くのは当然のことである。また、職員室から便利な位置に設置することも大切な条件である。

② 必要な諸室

　学校図書館では基準の最低スペースを確保するとともに、なお、拡張の余地を見越しておくことが必要である。必要な諸室としては、次のような段階が考えられる。

　　第1の段階（最低の広さ）＝閲覧室（開架室）＋整理室（司書室）
　　第2の段階＝（第1の段階）＋学習室（視聴覚室）
　　第3の段階＝（第2の段階）＋資料室（ＡＶ資料ほか）
　　第4の段階＝（第3の段階）＋書庫（閉架室）

　これからの学校図書館には、閲覧室のほかに、視聴覚の設備のある学習室を設ける必要がある。一室だけの閲覧室でよく授業をしているが、これでは学校図書館の基本的な役割である奉仕機関としての機能を発揮することができない。学校図書館は専門職員が配置されていて、授業とは別に、常に読書案内やレファレンス・サービスができるように開放されていることが大切である。

　近年は、児童生徒数の減少に伴って空き教室が生じ、学校施設のリニューアルが進められているので、既設の学校図書館の充実を構想する好機でもある。小学校で低学年図書館と高学年図書館とか、学習図書館と読書図書館といった複数の図書館が作られる傾向にあるが、学校図書館メディアはできるだけ分散しないことを原則として、学校図書館の施設は、必要な諸室を集中して拡張することが望ましい。関西学院高等部図書館〔資料9〕は、その参考例である。

　また、読書環境の整備ということから、くつろいで読書することができるように、床にじゆうたんを敷いたり、畳の一画を設けたりする風潮がみられるが、公共図書館の児童室と学校図書館とは機能が違うので、その必要はな

いように思う。できればフローリングの床にして、スツールやマットなどの軽読書コーナーを設けるようにしたい。

さらに、オープンスクールの建築にともない、学校図書館をオープンスペースに設置する学校がみられるようになったが、これは学校図書館の機能を無視した設計である。オープンスペースに参考図書コーナーを設けたり、学

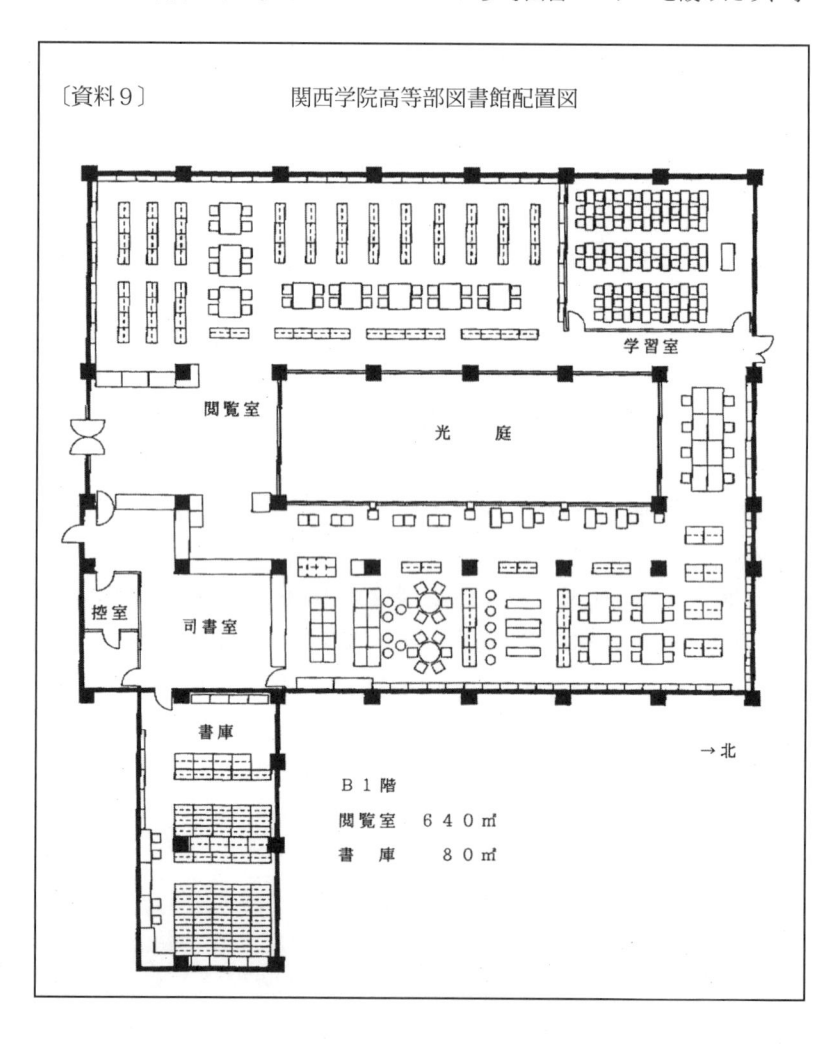

〔資料9〕　　　　関西学院高等部図書館配置図

学習室
閲覧室
光　庭
控室
司書室
書庫
→北

B1階
閲覧室　640㎡
書庫　　80㎡

年ブロックのスペースに単元書架や課題書架を配置することはよいが、これは、あくもでも学校図書館の運用的なコーナーにとどめ、学校図書館のスペースは別に確保すべきである。そのためにも、設計に当たっては学校図書館の意義や機能について体系的な知識があり、図書館建築に対して造詣の深い専門家に参画してもらうことが大切である。

なお、1994年度から国庫補助の対象となる学校図書館の基準面積が改定されている。標準的な12学級規模の小学校で154㎡、12学級規模の中学校で173㎡というように、広いスペースの学校図書館の建設が可能になっている。

(2) 学校図書館の備品

学校図書館の基本的な備品として、書架、閲覧机、いすについて、その基本条件を記してみたい。

① 書架

書架は、一般には巾90cm、或いは180cm、奥行24cm、高さ170cmの直立5段書架（棚可動）を標準書架として用いる。小学校では、直立4段書架（高さ140cm）が標準の規格である。書架の配置変えなどを考えると、巾90cmの書架が便利である。傾斜書架は図書を探すのには都合よいということがあるが、棚可動に制約があるし、場所もとるので、部屋の広さに合わせて併用するようにしたい。なお、書架は倒れないように固定しておくことが大切である。

造りつけの固定書架があるが、できるだけ移動の可能な書架を用いるようにする。どうしても固定の書架を造らなければならないときは、標準書架に準じることが必要であり、特に、書架の奥行についての配慮が大切である。

書架の配置方式としては、閲覧室の周囲の壁面に沿って書架を配置する壁面型（周辺型）と、壁面に対して垂直に書架を並立して配置する、くし型が一般的である。書架の配置は、図書館の床面積や採光などと関連するので、利用者の動線を配慮しながら、十分に検討して工夫する必要がある。

② 閲覧机

閲覧机には、3人用、4人用、6人用などがあるが、できるだけ4人用を基準にしたい。3人用の会議机は不適当であるし、6人用の真ん中の座席はなんとなく落ち着かないものである。高等学校でキャレルデスクを見ることがあるが、学校図書館の設備としては不要である。

閲覧机4人用の標準は、小学校が、巾150㎝、奥行90㎝、高さ67㎝、中学校が、巾180㎝、奥行90㎝、高さ72㎝である。

③　いす

学校図書館では、小学校や中学校は、木製の「いす」がよい。予算的にむりな場合は、「パイプいす」にする。「折り畳みいす」や「スチールの回転いす」は不適当である。

5　学校図書館の調査と評価

学校図書館の調査と評価は、学校図書館の経営を改善して成長を図るために欠くことのできないものである。各学校では、毎年度末に、学校運営の全般にわたって評価をする機会があるので、併せて実施するようにしたい。評価の結果は職員会議などに提案して、全校的な関心のもとに、その改善について努力することが大切である。

(1)　**調査と統計**

学校図書館の実際を知るためには、その全体像が理解できる資料を用意しておくことが必要である。

学校図書館の調査、統計としては、次のような資料が考えられる。

①　資料統計

学校図書館メディアの実態を正確に把握する。年度末には、図書資料は分類別に、その他のメディアは種類ごとに、現有数を確認する。

②　貸出統計

貸出資料の状況や利用者の状態を、数量的に集計したものである。学年・学級別貸出人員統計、分類別貸出冊数統計を作成したい。

③　閲覧統計

　学校図書館の利用が平常である時期（1週間或いは 10 日間）の閲覧状況をあらかじめ作成した調査票を使って調査するとよい。

④　授業の利用記録（統計）

　学校図書館を利用する授業を実施した学年および教科、総合学習、特別活動の題材・単元、利用した学校図書館メディアを記録するようにしたい。学校図書館を利用する授業を普通に実践する状況が実現するまでの過程には、どうしても必要な記録である。

(2)　**評価と改善**

　学校図書館が教育活動にどのように利用されているかについては、日常の点検が必要なことは当然である。その上に立って、着実な歩みを続けるためには客観的な評価を工夫して、定期的に学校図書館診断を実施し、長期的な展望に立った改善を図ることが重要である。

　次に、自己診断が容易にできる「学校図書館評価表」〔資料 10〕ならびに、「学校図書館評価表の評価事例」〔資料 11〕を提示する。

〔資料10〕　学　校　図　書　館　評　価　表

項目	番号	評　価　の　内　容	評　価
施設	01	学校図書館は、児童生徒、教員が利用するのに便利な位置にありますか。	A・B・C
	02	学校図書館は、閲覧室のほかに、整理室、学習室などがありますか。	A・B・C
	03	学校図書館に、個人がAV資料を利用するための設備はありますか。	A・B・C
経営	04	学校図書館の経営や利用について、職員会議で協議していますか。	A・B・C
	05	学校図書館を担当する係は、校務分掌のなかで独立した位置づけになっていますか。	A・B・C
	06	学校図書館に、正規・専任の専門職員が配置されていますか。	A・B・C
	07	学校図書館の経費は、全額が公費負担で運用されていますか。	A・B・C
	08	図書費は、図書平均単価×(児童生徒数×1/2)の金額が予算化されていますか。 （11学級以下の小規模学校は全児童生徒数とする）	A・B・C
	09	最近20年間に登録した図書資料が、「図書標準」「数量基準」の冊数を満たしていますか。	A・B・C
利用	10	教育課程に「図書館の時間」など、特設の時間を配当して、授業（教科学習・読書学習）に活用していますか。	A・B・C
	11	「利用教育」を、全校的な指導計画を作成して実施していますか。	A・B・C
	12	「読書教育」を、全校的な指導計画を作成して実施していますか。	A・B・C
	13	学校図書館メディアは、授業に必要な資料を十分に満たしていますか。	A・B・C
	14	授業に必要な学校図書館メディアは、件名目録あるいはコンピュータ目録によって主題検索ができますか。	A・B・C
運用	15	学校図書館は、終日（児童生徒の在校時間）開館していますか。	A・B・C
	16	学校図書館メディアは、一定の方針に基づいて計画的に購入していますか。	A・B・C
	17	授業に必要な図書資料は、複本（20冊、10冊、5冊など）で購入していますか。	A・B・C
	18	AV資料などを、授業に必要な資料として計画的に購入していますか。	A・B・C
	19	学校図書館メディアの除籍、更新は、一定の基準に従って計画的に実施していますか。	A・B・C
	20	学校図書館活動（支援活動・奉仕活動・行事活動）を、計画的に実施していますか。	A・B・C

備考：評価基準　　A＝良い(5)　　　B＝普通(3)　　　C＝悪い(1)

〔資料11〕　　「学校図書館評価表」の評価事例

01　A－校舎の1、2階にあり、児童生徒、教員が利用するのに便利である。
　　B－1、2階にあるが利用するのに不便である。
　　C－3、4階にあって利用するのに不便である。
02　A－閲覧室のほかに、整理室、学習室（視聴覚室）、資料室、書庫などが三室くらいある。
　　B－閲覧室のほかに、整理室、学習室などが一室か二室ある。
　　C－低学年・高学年、第1・第2などの図書室があるが、閲覧室だけである。
03　A－閲覧室に個人がＡＶ資料を利用できるブース、コーナーの設備があってよく利用している。
　　B－ブースなどの設備はあるが、あまり利用されていない。
　　C－ブースなどの設備はない。
04　A－職員会議で学校図書館の経営や利用について協議している。
　　B－職員会議で議題として取り上げている程度である。
　　C－職員会議で話題になる程度である。
05　A－校務分掌で図書館部が教務部や学習指導部などと並列になっていて、図書館部が活動している。
　　B－校務分掌でAのようになっているが、図書館部の活動が不十分である。
　　C－校務分掌で指導部や研究部のなかの一つの係であったり、特別活動や委員会活動などに位置づけている。
06　A－司書教諭あるいは司書の資格がある学校図書館専門職員が正規・専任に配置されている。
　　B－専任の職員が嘱託などで配置されている。
　　C－専任の職員が配置されていない。

07 A－学校図書館の経費は、全額を公費、私学の場合は学校法人が負担している。
   B－経費の全額を公費、学校法人が負担しているが、金額が 08 － A の条件を満たしていない。
   C－経費の一部を児童生徒の図書費やＰＴＡ費が負担している。
08 A－図書費の予算額が、小学校は 1,800 円、中学校は 2,000 円、高等学校は 2,300 円に（児童生徒数× 1/2) を乗じた金額を超えている。
   B－図書費の予算額が、小・中学校で年額 50 万円、高等学校で 100 万円以上である。
   C－図書費の予算額が、Ｂの金額以下である。
09 A－最近 20 年間に登録した図書資料が小・中学校は「図書標準」、高等学校は「数量基準」の冊数を満たしている。
   B－標準・基準の冊数をどうにか超えている程度で、その間に除籍した図書資料が少ない。
   C－標準・基準の冊数を満たしていない。
10 A－教育課程に「図書館の時間」など特設の時間を配当して、その時間を授業（教科学習・読書学習）に計画的に活用している。
   B－特設の時間を配当しているが、あまり活用していない。
   C－「図書の時間」が自由読書や図書貸出しの時間になっている。
11 A－「利用教育」の全校的な指導計画があり、「利用教育」の授業を実施している。
   B－「利用教育」の授業を少しは実施している。
   C－学校図書館の利用を指導している程度である。
12 A－「読書教育」の全校的な指導計画があり、「読書教育」の授業を実施している。
   B－「読書教育」の授業を少しは実施している。
   C－読書の指導（案内）をしている程度である。

13　A－授業に学校図書館メディアをよく利用していて、必要な資料は、十分に満たしている。
　　B－一部の授業に利用していて、なんとか役立っている。
　　C－授業に必要な資料が不十分である。
14　A－授業に必要な学校図書館メディアが、件名目録あるいはコンピュータ目録によって主題検索が可能である。
　　B－コンピュータなどで少しは検索が可能である。
　　C－件名の検索が不可能である。
15　A－終日開館して、専任の学校図書館職員がいて、資料の閲覧、貸出しや相談が可能である。
　　B－終日開館して、利用が可能である。
　　C－利用する時間だけ開館する。
16　A－学校図書館メディアを授業に必要な資料として、計画的に購入している。
　　B－少しは計画的に購入している。
　　C－学年や教科へ予算を配分して購入している。
17　A－授業に必要な図書資料を、計画的に複本（20冊、10冊、5冊など）で購入している。
　　B－少しは計画的に複本で購入している。
　　C－計画的に複本の購入をしていない。
18　A－授業に必要なAV資料として、CD、ビデオテープ、DVDなどを計画的に購入している。
　　B－少しは計画的に購入している。
　　C－ほとんど購入していない。購入しても別途に管理している。
19　A－「廃棄基準」に従って、年度ごとに計画的に除籍・更新して、必要な資料は同じ資料か替わりの資料を補充している。
　　B－継続して少しは除籍をしている。
　　C－計画的に除籍をしていない。

20　A－学校図書館活動として、授業への支援活動、奉仕活動、行事活動を計画的に実施している。
　　B－それらの学校図書館活動を、少しは実施している。
　　C－読書発表会、読書感想文コンクールなどの行事活動だけを実施している。

第4章　学校図書館を利用する授業

1　「学校図書館を利用する授業」の理念

　わが国の学校図書館に対する理念は、第二次世界大戦後の教育改革で導入されたアメリカの学校図書館を母胎とする。ヨーロッパの文化を継承するアメリカでは、ジョン・デューイが『学校と社会』（1899年）に述べているように、学校図書館は学校教育に欠くことのできない機能であり、学校図書館のない学校教育は考えられないという認識で発展してきた。第二次世界大戦後まで、わが国の学校教育には教育課程の展開に機能する学校図書館は存在していなかったのである。これは学校教育が教科書一辺倒の画一的な知識を注入する一斉授業にあったことに由来する。

　大戦後の新教育を推進した教育改革は、一斉指導による学習形態から個別指導を重視する学習形態への転換であり、その中核としての役割が学校図書館に課せられた。当時のわが国の学校には、授業の展開に役立つ資料が整備された学校図書館は皆無に等しく、教師たちは学校図書館の資料を利用した授業の経験がなかったので、学校図書館は学校の心臓部的役割を持つという学校図書館に対する思惑だけが先行する状況にあった。

　このような当時の学校図書館の状況に基づく教育を表す用語として、「図書館教育」が登場する。この抽象的な用語は、わが国の学校図書館の役割をあいまいにするとともに、その後の学校図書館の研究に負の影響を与え続けることになる。

　学校図書館の必要性が強く主張された学校図書館運動の当初には、「図書および図書館利用法の指導」が「図書館教育」と考えられていた。しかし、本章の3で取り上げる「学校図書館の利用教育」という概念が教育界で周知されて

いないこともあって、「図書館教育」は、比較的早い時期から学校図書館に関するさまざまな教育活動を含む、幅広い内容に変化したのである。学校図書館を整備すること、学校図書館の貸出しを増やすこと、学校図書館を授業の場所として利用すること、学校図書館資料の国語辞典や英和辞典などを利用した授業をすること、オリエンテーションとして学校図書館の利用方法を指導すること、学校図書館で「図書の時間」に本の貸出しや自由読書をすることなど、学校図書館に関連する教育活動のすべてが混在し、多くの内容を包括する用語として用いられてきた。

また、「図書館教育＝読書指導」というように、短絡的に用いられている場合も多くみられるようになった。「図書館教育」の用語は、あいまいな内容のまま現在に引き継がれている。

このような歴史的事情のなかでは、「学校図書館を利用する授業」は「図書館教育」の一部と考えられることが多かったのである。しかし、「学校図書館を利用する授業」の本来の理念は「学校図書館教育」であり、「学校図書館の機能を活用する教育活動」である。「学校図書館教育」は、教師や児童生徒が学習センター、情報センター、読書センターとしての学校図書館の機能を教科学習、読書学習に計画的に活用し、授業＝学習過程を豊かにすることである。日常の教育活動に学校図書館をどのように利用するか、「学校図書館を利用する授業」をどのように実践するかが研究課題である。

学校図書館が学校教育に欠くことのできない設備として位置づけられて半世紀を経た今日、少なくとも学校図書館メディアを授業に利用することによって、学習活動、読書活動が豊かになることは明らかになっている。それでもなお、「学校図書館を利用する授業」は進展を見ていないし、一般化していないのである。この歩みの基底には、学校図書館を学校のなかにある公共図書館と同じような存在と理解し、学校図書館の教育課程の展開に寄与する基盤としての機能を認識していないことが大きく影響している。

「学校図書館を利用する授業」は、わかる授業、楽しい授業の基本的な学習方法なのである。

「学校図書館を利用する授業」を教育課程に組み入れることによって、次のような学習効果が期待できる。
① 学び方を自ら発見する
　児童生徒の学習で最も基本的なことは、学習の手順、調べる手順を学習することである。よく学習方法論で「学び方を学ばせる」といった学習方法の大切なことが主張される。しかし、「学び方を学ばせる」ということは、学習目的としては成立しないのである。
　「学校図書館を利用する授業」は、教師の計画する学習の手順、調べる手順を丹念に追っていく学習過程のなかから、児童生徒が学び方を自ら発見する学習方法である。
② 自己学習力を主体的に習得する
　授業＝学習過程で問題解決の喜びを知ることは、自らの力で問題を解決することができた満足感を享受することであり、成就体験の積み重ねが主体的に学習する意欲へと発展する。そのためには、学習計画のなかで、児童生徒が問題解決の基礎・基本の手順を発見することが大切な要素となる。
　授業は、教師も児童生徒も、「教えた」「学んだ」という実感のわく授業でなければならない。学校教育で大切なことは、自立することのできる学習能力を開発することであり、学校教育の基本的な目標は自己学習力を習得することである。「学校図書館を利用する授業」を計画的に積み重ねることによって、児童生徒は自己学習力を主体的に習得する。
③ 生涯学習の基盤を育成する
　学校教育では、一人ひとりが自らの発達段階に応じて、個々に適応した学習方法を発見して、生涯にわたって自ら学ぶことのできる自己学習力を身につけることが求められる。教師の役割は、学ぶことの楽しさを教え、児童生徒のもっている学習能力を引き出すことである。教師は、そのための補助的な役割を果たさなければならない。児童生徒のもつ可能性を引き出すことこそ、学校教育の使命であり役割である。「学校図書館を利用する授業」は、児童生徒の生涯学習の基盤を育成する。

〔資料 12〕　　　　学校図書館を利用する授業

　　(1) 学校図書館メディアを利用する授業
　　(2) 利用教育の授業
　　　① 教科学習のなかでの利用学習
　　　② 学級活動・ホームルーム活動のなかでの利用学習
　　(3) 読書教育の授業
　　　① 教科学習のなかでの読書学習
　　　② 学級活動・ホームルーム活動のなかでの読書学習

〔関連図〕

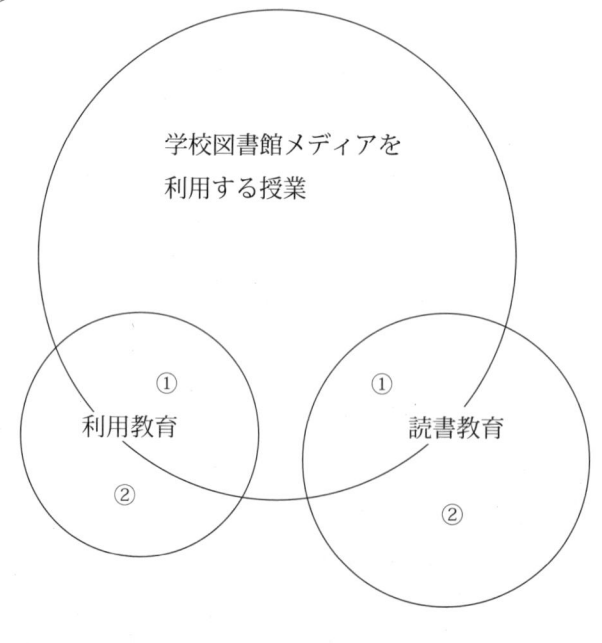

学校図書館メディアを
利用する授業

① 利用教育 ②

① 読書教育 ②

「学校図書館を利用する授業」を日常の教育活動で図解〔資料12〕すると、三つの学習内容が考えられる。第一は「学校図書館メディアを利用する授業」、第二は「利用教育の授業」、第三は「読書教育の授業」である。

　第一の「学校図書館メディアを利用する授業」は、すべての学級担任、教科担任が担当するきわめて普通の授業である。

　第二の「利用教育の授業」は二つに分けられる。「利用教育①」は、教科学習のなかで「学習のための知識」、学校図書館メディアを利用する知識を学習する授業であり、「利用教育②」は、学級活動・ホームルーム活動のなかで、学校図書館や学校図書館メディアを利用するための、基礎・基本の知識を学習する授業である。

　第三の「読書教育の授業」も二つに分けられる。「読書教育①」は、教科学習のなかで「学習のための読書」、知識や考え方を深める読書の方法・技術を学習する授業であり、「読書教育②」は、学級活動・ホームルーム活動のなかで、学習計画に基づいて指導する読書学習（p,118参照）の授業である。

　「利用教育①」「読書教育①」の授業は、すべての学級担任、教科担任が司書教諭と協同して構想する授業で、「利用教育②」「読書教育②」の授業は、主として司書教諭が担当する。「利用教育の授業」「読書教育の授業」は、補助的な役割を果たす授業で、習得した知識や方法は「学校図書館メディアを利用する授業」に活用する。

　わが国の学校教育では、長年にわたって小さい円の「利用教育」「読書教育」の一部や、その周りの授業を「図書館教育」として取り組んできた。そのために、これらを生かす大きい円の「学校図書館メディアを利用する授業」は、歴史的な実践の積み重ねがないのである。

　「学校図書館を利用する授業」を、学校図書館の研究会で研究授業として公開するのは、学校図書館を経営する側から啓発する授業である。本来は、学校図書館を利用する側の教科、総合学習、道徳、特別活動などの研究会で、研究授業として実践を交流しなければならない課題である。

2 学校図書館メディアを利用する授業

　学校図書館の機能からみて、学校図書館を教育活動で日常的に活用することは当然のことであり、そのためには、教科、総合学習、道徳、特別活動の授業で、「学校図書館メディアを利用する授業」が一般化しなければならない。日常の教育活動で「学校図書館メディアを利用する授業」を実践することによって、学習の内容がいっそう深まり、豊かになるのである。
　司書教諭のもっとも大切な職務は、「学校図書館メディアを利用する授業」を実践する全校の教員に対して、授業計画の立案と必要な学校図書館メディアの準備に協力することである。
　「学校図書館メディアを利用する授業」は、特別な授業ではなくて、きわめて普通の授業であり、「学校図書館メディアを活用して課題を解決する学習」なのである。すべての教師が学校図書館の機能を理解して、学校図書館の機能を計画的に活用して、どんな学習を展開するか、学習計画を立案する過程で授業を工夫しなければならない。ここでいう授業の工夫とは、学校図書館メディアを利用するために工夫する授業ではなくて、この題材・単元には、この学校図書館メディアが必要という授業＝学習過程を工夫することである。
　学習指導要領では、「総合的な学習の時間」（以下、総合学習という）を新設するなど、自ら学び、考える、「生きる力」を養うことを強調しているが、教師一人ひとりがその意図する主旨を認識して、毎日の授業に創意工夫を図らなければ、改訂の目的を達成することはできない。
　「学校図書館メディアを利用する授業」は、「総合学習」の基礎・基本である。現行の学習指導要領への移行を目前にして、「総合学習」に関する多くの図書が出版されたが、学校図書館を利用する授業や司書教諭が協力する授業などの記述は、ほとんど見られないのが現状である。
　他方、「総合学習」に対応できる、学校図書館メディアの整備がいわれているが、「総合的な学習」を、国際理解、情報、環境、福祉、健康などの総合的な課題を取り上げた「体験的な学習」の授業と考えるか、教科学習から発展す

る「総合学習」「合科学習」の授業と考えるかは重要なポイントである。「総合学習」を新しい教科として身構えるのではなく、既存する教科の授業の内容を充実することである。総合学習には、教科学習で学んだ系統的な知識を総合学習に活用し、総合学習で培った体験的な学力を教科学習に反映するという双方向性が大切である。

　学校図書館メディアを利用する「調べ学習」「探求学習」が、「総合学習」に活用されて、児童生徒の自発的、主体的な学習へと発展する。「総合的な学習」が、ユニット方式の単なる「体験的な学習」では、協力したという学習のプロセスだけが強調されて、「生きる力」を身につける学力にはならないのである。

　大切なことは基礎となる教科の授業＝学習過程をどのように組み立てるかである。「調べ学習」の場合、「どんなことを調べるか、なにを調べるか」（学習目標）「どのように調べるか、なにで調べるか」「どのように記録するか」「どのように発表するか」「どんなことを考えたか」（学習過程）「どのように集約するか」「どのように発展させるか」（学習目標の達成）という授業の基本的な組み立て、授業の構想が問われている。また、学習活動である限り積極的な評価が必要である。評価は点数ではなくて、学習の成果の確認であることを忘れてはならない。

　学校図書館の機能を活用して「学校図書館メディアを利用する授業」を実施するためには、学習指導要領における教育課程の編成方針や指導計画の作成に当たっての配慮すべき事項を生かした、教科学習、総合学習、道徳、特別活動などの学習計画が必要である。

　次に例示する「社会科学習計画」〔資料13〕は、西宮市立小学校の社会科の1年間の学習計画である。西宮市小教研学校図書館部会では、この学習計画で授業を立案するときに、学校図書館メディアを利用すると学習内容が豊かになる題材・単元については、学習計画に〈**図書館**〉と太字で表示している。この表示によって、利用者は学校図書館に授業に必要なメディアが準備されていることを知り、学校図書館を担当する司書教諭、学校司書は、メディアを準備する必要のある題材・単元であることを確認することができる。

〔資料13〕　　　社会科学習計画　（西宮市立小学校）

	3年	4年
4月	**1 わたしたちの市　西宮** 　1 校くのようす	**4 健康なくらしをささえる　図書館** 　1 くらしとごみ
5月	2 公民館たんけん　　図書館 　3 西宮市のようす	2 くらしと水
6月		**5 安全なくらしを守る　図書館** 　1 火災をふせぐ
7月		2 交通事故をふせぐ
9月	**2 わたしたちのくらしと 　　人びとのしごと　図書館** 　1 お店ではたらく人びとの 　　　　　　　　しごと	**6 わたしたちの県** 　1 わたしたちの市のある兵庫県 　2 県庁のある神戸市
10月	2 ものを作る人びとのくらし	3 工業のさかんな姫路市
11月		4 農業のさかんな淡路島 　5 漁業のさかんな香住町
12月		6 伝統工業のさかんな篠山市
1月	**3 くらしのうつりかわり** 　1 むかしからのこっているもの 　　　　　　　　　　図書館	**7 きょうどを開く　図書館** 　1 武庫川と人々のくらし 　2 すみよい町へ 　○ 海岸の開発
2月	2 これからの西宮	**8 災害からくらしを守る　図書館** 　○ 阪神・淡路大震災に学ぶ
3月		

図書館の題材は「学習基本図書」に学習資料を掲載しています。

平成14年(2002年)4月

5　　　　　　年	6　　　　　　年
1 わたしたちの国土と 　　　　　人々のくらし　　図書館 　1 わたしたちの国土 　2 あたたかい土地と寒い土地 2 わたしたちの食生活と 　　　　　食料生産　　図書館 　1 食べ物はどこから 　2 米作りのさかんな地域 　3 水産業のさかんな地域 　4 食料の生産地と 　　　　　消費者のつながり 　5 世界とつながる食料生産 3 工業生産の発達と 　　　　　わたしたちのくらし　　図書館 　1 工業製品を調べよう 　2 自動車工業のさかんな地域 　3 日本の工業の特色 4 わたしたちのくらしを 　　　　　ささえる情報　　図書館 　1 身のまわりの情報 　2 わたしたちのくらしと情報 　3 情報社会とわたしたちのくらし 5 国土の環境を守る　　図書館 　1 身のまわりの環境 　2 水を守る 　3 森林を守る 　4 これからの環境を守る	日本のあゆみ　　図書館 地域の歴史をさぐろう 　1 米作りのはじまりと国の統一 　　1 むらからくにへ 　　2 国の統一と渡来人 　2 貴族の政治とくらし 　　1 聖徳太子と新しい政治 　　2 奈良の大仏づくり 　　3 藤原道長と貴族のくらし 　3 武士による政治のはじまり 　　1 源頼朝と鎌倉幕府 　　2 金閣と銀閣 　4 武士による天下の統一 　　1 織田信長の統一への道 　　2 豊臣秀吉の天下統一 　5 江戸幕府の政治と人々のくらし 　　1 家康・家光による幕府の政治 　　2 身分のきまりと 　　　　　　農民や町人のくらし 　　3 町人文化と新しい学問 　　4 黒船の来航 　6 明治維新から世界のなかの日本へ 　　1 新政府による政治 　　2 条約改正と日清・日露戦争 　　3 産業の発達と 　　　　　変わる人々のくらし 　7 15年にわたる戦争 　　1 戦争への道 　　2 戦争と人々のくらし 　8 新しい日本へのあゆみ 　　1 生まれ変わる日本 　　2 向上する国民生活 わたしたちのくらしと政治　　図書館 　1 わたしたちの願いと 　　　　　政治のはたらき 　2 わたしたちのくらしと憲法 世界のなかの日本と 　　　　　わたしたち　　図書館 　1 日本とつながりの深い国々 　2 国際連合のはたらき 　3 わたしたち日本人の役割

この「社会科学習計画」に、〈図書館〉の表示が多くみられるが、最初からこのように多くの〈図書館〉の表示があったのではない。今年は、この題材とこの単元というように、授業計画と学校図書館メディアの整備を関連させながら学習計画を立案して、次年度には、新しい題材・単元を加えるといった授業研究を積み重ねて、現在の学習計画に発展したのである。〈図書館〉の表示のある題材・単元の学習に必要なメディアについては、西宮市小教研学校図書館部会が、長年にわたって研究と選択を行い、『小学校図書館の学習基本図書』(p.157 参照)として逐次改訂を重ねている。

　なお、教科学習、総合学習など、それぞれの学習計画のなかに〈図書館〉の表示がある題材・単元が一覧できる、「学校図書館メディアを利用する授業」を作成すると、他の教科との関連を考慮しながら適切な授業計画を構想することができる。

3　学校図書館の利用教育

(1) 利用教育の変遷

　文部省は、学校図書館の指導資料として日本で初めて刊行した『学校図書館の手引』で、「学校図書館を教育活動に生かすためには、学校図書館の機能や学校図書館の資料の利用法について学習する必要がある」と書いている。学校図書館を利用する授業が普遍化、恒常化しているアメリカの「学校図書館の利用教育」の研究実践に学びながら、「図書および図書館利用法の指導」といった学習領域を提示した。この学習内容が「学校図書館の利用教育」である。当時の教育界が、「学校図書館の利用教育」（以下、利用教育という）の必要性を理解しても、教育活動に機能する学校図書館がなく、学校図書館の資料を利用する授業にも未習熟のなかでは、学習課題として消化することは非常に困難な情況であったことは、当然である。

　「利用教育」について最初に論じられた『学校図書館の手引』第四章第二節の「図書および図書館利用法の指導」では、児童生徒に図書や図書館の正しい利用の仕方を指導する必要性を説き、次のような指導事項14項目、指導の具体例などを挙げている。

　　1) 図書館の見学　2) 図書館の機能と利用　3) 館内においてよい市民としてふるまうこと　4) 図書の構成　5) 図書の印刷部分　6) 分類および図書の排列　7) カード目録　8) 辞書および百科事典　9) 参考書　10) 雑誌および雑誌索引　11) 図書目録の作り方　12) ノートの取り方　13) 討論法と時事問題　14) 文献の評価

　この時期は全国各地で試行錯誤を繰り返しながら、学校図書館づくりに励むとともに、前述のとおり「図書および図書館利用法の指導」は「図書館教育」として、その研究が推進されたのである。兵庫県の各市郡でも「図書館教育」の研究会が相次いで開催された。1950年（昭和25年）には、兵庫県図書館協会（現，兵庫県学校図書館協議会）が『図書館と私たち』を刊行した。この本は、その後、数年間にわたって多くの中学校や高等学校で、学校独自が教育課程に

設定した「図書館科」の授業に活用されている。

　1954年には、「学校図書館法」が施行されたのにともなって、文部省令で、「学校図書館司書教諭講習規程」が定められ、履修すべき科目の一つに「学校図書館の利用指導」があった。「学校図書館の利用指導」が初めて用いられたのは、このときの履修科目としてである。次いで、文部省は1959年に、『学校図書館運営の手びき』を刊行した。その第13章には「図書および図書館の利用指導」として図書館教育の意義と必要が述べられ、利用教育の内容と計画が、だれが、どこで、いつ、どのように指導するのかと具体的に展開されている。

　指導事項は、第2章の学校図書館の基準のなかに掲げている「学校図書館基準」に、「Ⅰ　図書館の利用指導」として、次の15項目を挙げている。

　　1) 学校図書館の概要　2) 図書・図書館の歴史と現状　3) 図書館道徳と読書衛生　4) 図書の構成と取扱い方　5) 図書の選択　6) 分類と配列　7) 図書の目録　8) 辞書・事典・索引類の利用　9) 年鑑・統計類の利用 10) 雑誌・新聞類の利用　11) インフォーメーションファイルの利用　12) 視聴覚資料の取扱と利用　13) 読書法　14) 参考書目の作り方とノートのとり方　15) 校外の読書施設・文化施設

　そして、その計画について次のように記述されている。「これらの指導は、小・中・高等学校ごとに教科および教科以外の諸指導を通して、計画的、組織的に行うことが必要である」「その学習は司書教諭が中心となり各教師が協力して行う」。

　さらに、文部省は1970年に刊行した、『小学校における学校図書館の利用指導』では、情報化社会と呼ばれる現代社会の要請から再検討を加えたとして、学校図書館基準に示した15項目を修正し、主題の配列の区分原理を、次のように整理して提案した。

　　①知識や情報の検索方法に関する内容
　　1) 情報と資料　2) 分類と配列　3) 目録の利用　4) 目次・索引などの利用　5) 百科事典の利用　6) 年鑑類の利用　7) 図鑑類の利用　8) 雑誌・新聞の利用　9) インフォーメーション・ファイルの利用　10) 視聴覚資料の利用

②知識や情報の処理方法に関する内容

1) 書目づくり　2) ノート・記録のとりかた　3) ファイル資料の自作　4) 発表法

③その他、図書館利用についての基礎的、関連的な内容

1) 図書館の概要　2) 資料の物理的構成　3) 利用上の心得　4) 読書法

この利用教育の流れは、学習指導要領にもみられるようになった。1968 年の『小学校学習指導要領』の改訂で、特別活動の学級指導の学習内容に「学校図書館の利用指導」が加えられた。1977 年の『中学校学習指導要領』の改訂では、その発展として「学校図書館の利用の方法」が、1989 年の『高等学校学習指導要領』の改訂では、「学校図書館の利用」が加えられていく。

なお、1968 年改訂の『小学校学習指導要領』で、小学校の「国語の時間」が増加したことによって、多くの小学校が読書指導を強化するために「国語の時間」の 1 時間を割いて「図書の時間」や「読書の時間」を設定した。しかし、その後の再三の改訂で「国語の時間」は減少しているので、従前のような「図書の時間」「読書の時間」を確保することは不可能になっている。

一方、全国学校図書館協議会は、1956 年に「図書館カリキュラム」を作成して、次のような 20 項目を発表した。

1) 図書の意義　2) 図書の歴史　3) 図書の構造　4) 図書各部の機能　5) 図書の取扱い　6) 図書の生産と配給　7) 図書の選択　8) 読書の技術　9) 読書衛生　10) 辞書・事典の利用　11) 図鑑・年鑑の利用　12) 雑誌・新聞の利用　13) ファイル資料の整理と利用　14) 図書館の意義と機能　15) 図書館の歴史　16) 図書館の資料と施設　17) 図書館利用とエチケット　18) 図書の分類と目録　19) 学級文庫の利用　20) 校外の図書利用

次いで、1967 年には、この 20 項目に修正を加えて、13 項目の「学校図書館の利用指導体系表」をまとめた。この体系表では、読書指導は除外されている。

1) 図書の意義　2) 図書各部の機能　3) 図書の取り扱い　4) 書目づくり　5) 読書衛生　6) 辞書・事典の利用　7) 図鑑・年鑑の利用　8) 新聞・雑誌の利用　9) ファイル資料の利用　10) 図書館の意義と機能　11) 図書館の

利用とエチケット　12) 図書の分類と目録　13) 視聴覚資料の利用

続いて、1982年には、その後の研究の成果を取り入れた、『自学能力を高める学校図書館の利用指導』を刊行し、そのなかで「学校図書館の利用指導体系表」を改定し、従前の13項目の指導事項を、次のような6領域に改めている。

1) 図書館とその利用　2) 図書とその取り扱い　3) 資料の探しかた　4) 参考図書の利用法　5) 図書以外の資料の利用法　6) 調査研究のまとめかた

このような経緯のなかで、文部省は1983年に、『小学校・中学校における学校図書館の利用と指導』を刊行し、改めて次のような考え方を示した。

> これまでの教える側に立って構想された学校図書館の利用指導では、ともすれば利用のための技能の一方的な伝達に偏るきらいがあり、児童生徒の知的好奇心を喚起したり、積極的に利用したいという欲求を起こすだけの魅力に乏しかった。また、学校図書館の利用指導として独自の発達を遂げたために、それが各教科の授業の展開とどのような考え方で関連付けられているのか、あまり明確でない場合が少なくなかった。(中略)
>
> 正規の授業として学級指導で「利用指導」を行うことの必要性を否定するものではないが、我が国の学校図書館の置かれている一般的状況から見て、「利用指導」を中心に据えることは実効性に乏しいと言わざるを得ない。むしろ精選され明確に構造化された各教科、道徳、特別活動等の内容を媒介として、図書館利用が助長され、それに適切な指導を加えるかたちの「利用と指導」を浸透させることが現実的である。(以下略)

併せて、従来の指導事項を整理し、児童生徒の情報を的確に処理する能力を育成する立場から、指導の内容として、「学校図書館の利用と指導のための指導事項」〔資料14〕を設定して発表した。1989年に改訂された『小学校学習指導要領』、『中学校学習指導要領』、『高等学校学習指導要領』で、特別活動の学習内容として、「学校図書館の利用」が一貫して取り上げられ、1998年の改訂にも引き継がれていることは第2章で述べたとおりである。

なお、全国学校図書館協議会は学習指導要領の改訂に合わせて、1992年に、「資料・情報を活用する学び方の指導」体系表〔資料15〕を発表した。

〔資料14〕　学校図書館の利用と指導のための指導事項

A　図書館及びその資料の利用に関する事項
　　学校図書館は児童生徒にとって身近な存在であり、概して小規模であるから、低学年からその利用に親しむよう仕向けることが容易である。しかし、個別の学校図書館において、児童生徒の成長とともに多様化する関心に即応するに足る資料を確保し、提供することはむずかしい。そのために、地域社会の公共図書館その他の文化施設をも利用する必要があろう。したがって、児童生徒の発達段階に応じて、これらの施設を効率的に利用できるように的確な指導を行い、それぞれの特徴、機能等について理解させ、実地の利用経験を得させることが望ましい。主な指導事項は次のとおりである。
　1　図書館資料の種類や構成を知って利用する
　2　学校図書館の機能と役割を知って利用する
　3　公共図書館の機能と役割を知って利用する
　4　地域の文化施設の機能と役割を知って利用する

B　情報・資料の検索と利用に関する事項
　　情報あるいは資料を求めて、各種の参考図書が利用される。そのうち、比較的頻繁に利用されるのが図鑑、辞書、事典及び年鑑である。他方、必要とする情報あるいは資料を求める際に手がかりを与えてくれる目録その他の資料リストの形をとる検索メディアがある。これらのほか、各種の図書及び図書以外の資料が情報あるいは資料の検索に役立つ。したがって、これらの系統的な利用法を指導するための主な指導事項は次のとおりである。
　1　図鑑の利用に慣れる
　2　国語辞典、漢和辞典などの利用に慣れる
　3　百科事典、専門事典などの利用に慣れる
　4　年鑑などの利用に慣れる
　5　図書資料の検索と利用に慣れる
　6　図書以外の資料の検索と利用に慣れる
　7　目録、資料リストなどの利用に慣れる

C　情報・資料の収集・組織と蓄積に関する事項
　　情報・資料の収集においては、必要とする情報・資料の選択が中心課題となる。ノートのとり方も情報の収集にかかわるが、これを資料化の作業としてとらえるならば、目的に応じた資料のまとめ方とも関連する。情報の蓄積に関しては、集めた資料をリスト（目録）化することと、資料自体を組織（分類、編成）することが含まれる。さらに、まとめた資料に基づいて目的に応じた伝達が行われたり、直ちに利用されない資料などが保管されたりする。したがって、これらの指導事項はBの指導事項と表裏一体の関係にあり両者の関連を考慮して指導する必要がある。主な指導事項は次のとおりである。
　1　必要な情報・資料を集める
　2　記録のとり方を工夫する
　3　資料リストを作る
　4　目的に応じた資料のまとめ方を工夫する
　5　目的に応じた伝達の仕方を工夫する
　6　資料の保管の仕方を工夫する

D　生活の充実に関する事項
　　情報・資料の利用に際して、その読み取り能力は極めて重要である。とりわけ、読書活動は自己教育の方法として有効である。したがって、図書館利用の中に読書活動を的確に位置付け、望ましい読書習慣を早期から習得させるよう計画的に指導する必要がある。読書は、本来、優れて個別的な活動であるが、各種の集団あるいは諸活動とのかかわりにおいて、様々な読書の方法を会得させ、読書に基づく諸活動を展開することが望ましい。主な指導事項は次のとおりである。
　1　望ましい読書習慣を身に付ける
　2　集団で読書などの活動を楽しむ
　3　進んで読書などの活動を中心とした集会活動に参加する
　4　進んで読書などの活動を中心とした学校行事などに参加する
　　　　　　　（文部省『小学校，中学校における学校図書館の利用と指導』1983.3）

〔資料15〕「資料・情報を活用する学び方の指導」体系表

全国学校図書館協議会　1992.3

	Ⅰ 情報と図書館	Ⅱ 情報源のさがし方	Ⅲ 情報源の使い方	Ⅳ 情報のまとめ方
小学校低学年	○学校図書館の利用 ・図書館の資料と施設 ・図書館の使い方 ○学級文庫の利用 ・学級文庫のきまり ・学級文庫の使い方 ○図書の扱い方 ・図書の取り扱い上の注意	○低学年用図書のさがし方 ・絵本のさがし方 ・絵本以外の図書のさがし方 ○図書の配架 ・ラベルの色と書架の関係 ・2、4、9類の配架	○図鑑の利用 ・図鑑の種類 ・植物図鑑・昆虫図鑑の使い方 ○目次・索引の利用 ・目次の機能と使い方 ・索引の機能と使い方	○調査のまとめ ・抜き書きのしかた ・絵や文でのまとめ方 ・発表のしかた
小学校中学年	○情報と私たちの生活 ・情報と生活の関係 ・情報源の種類 ・学習と学校図書館 ○公共図書館の利用 ・地域の公共図書館 ・各種サービスの受け方	○図書の分類 ・図書分類の意義 ・日本十進分類法のしくみ ○請求記号と配架 ・請求記号の機能 ・請求記号と配架の関係 ○書名目録の利用 ・書名目録の機能 ・書名目録によるさがし方	○国語辞典の利用 ・国語辞典の特性 ・国語辞典の構成と使い方 ○地図の利用 ・地図の種類 ・地図の使い方 ○視聴覚資料の利用 ・視聴覚資料の種類と使い方	○資料の要約 ・要約の手順と要点のまとめ方 ・複数資料のまとめ方 ○表や図へのまとめ方 ・表へのまとめ方 ・図へのまとめ方 ○資料リストの作成 ・資料リストの意義 ・資料リストの作り方 ○ノートの作成 ・目的に応じたノートの選び方 ・ノートの作り方
小学校高学年	○各種文化施設の利用 ・文化施設の種類と利用法 ・文化施設の見学	○著者目録の利用 ・著者目録の機能 ・著者目録によるさがし方 ○件名目録の利用 ・件名目録の機能 ・件名目録によるさがし方 ○コンピュータ目録の利用 ・コンピュータ目録の機能 ・コンピュータ目録によるさがし方 ○目的にあった情報源の選択 ・調査目的の確認 ・情報源の評価	○漢字辞典の利用 ・漢字辞典の特性 ・漢字辞典の構成と使い方 ○百科事典の利用 ・百科事典の特性 ・百科事典の構成と使い方 ○年鑑の利用 ・年鑑の特性 ・年鑑の構成と使い方 ○新聞・雑誌の利用 ・新聞の種類と使い方 ・雑誌の種類と使い方 ○ファイル資料の利用 ・ファイル資料の特性と使い方 ○電子メディアの利用 ・電子メディアの種類と使い方	○記録カードの作成 ・目的に応じた記録カードの作り方 ・記録カードの記入法と整理法 ○調査研究結果の発表 ・調査研究結果のまとめ方 ・発表法の種類と要領 ○資料の自作と整理 ・ファイル資料の作り方 ・簡単な製本のしかた
中学校	○情報化社会と私たち ・情報と日常生活 ・情報の所在と利用 ・コピーと著作権 ○中学校生活と図書館 ・中学校生活に果たす図書館の役割 ・学校図書館の利用 ・公共図書館の利用	○資料の分類と配架 ・日本十進分類法のしくみ ・資料の配架 ○目録の利用 ・カード目録の種類と役割 ・カード目録の引き方・読み方 ・書誌・目録類の利用法 ・コンピュータ目録の特性と利用法	○参考図書の利用 ・辞典の利用法 ・百科事典の利用法 ・人名資料の利用法 ・地図資料の利用法 ・統計資料の利用法 ○新聞・雑誌の利用 ・新聞の種類と利用法 ・雑誌の種類と利用法 ○ファイル資料の利用 ・ファイル資料の特性と利用法 ○視聴覚資料・電子メディアの利用 ・視聴覚資料の利用法 ・電子メディアの利用法	○資料リストの作成 ・資料リストの意義 ・資料リストの作成法 ○調査研究の記録 ・ノートによる記録法 ・カードによる記録法 ・機器による記録法 ○調査研究結果の発表 ・レポートの発表法 ・視聴覚メディアによる発表法 ○資料の自作と整理 ・ファイル資料の自作と整理法 ・視聴覚資料の自作と整理法
高等学校	○現代社会と情報 ・情報化社会と私たちの生活 ・情報源の種類とその利用 ・情報利用と著作権 ○高校生活と図書館 ・各種図書館とそのサービス ・図書館以外の情報施設の利用	○目録の利用 ・各種カード目録の特性と利用法 ・コンピュータ目録の特性と利用法 ○書誌・目録・索引の利用法 ・書誌・目録・索引の特性 ・書誌・目録・索引の利用法 ○目的に応じた情報源の選択 ・調査目的の確認 ・情報源の評価	○参考図書の利用 ・参考図書の種類 ・参考図書の利用法 ○新聞・雑誌の利用 ・新聞・雑誌の特性 ・記事索引の利用法 ○視聴覚資料の利用 ・視聴覚資料の種類 ・視聴覚資料の利用法 ○電子メディア・データベースの利用 ・電子メディアの種類と利用法 ・データベースの種類と利用法	○調査研究のすすめ方 ・調査研究計画の立て方 ・資料リストの作成法 ・調査研究結果の記録法 ・調査研究における機器の利用法 ○調査研究結果の発表と整理 ・レポートの作成法 ・各種の発表法 ・調査研究結果の整理法

概観してきたように、「利用教育」は、「図書館教育」がテーマ的表現であるということから、学習の内容を鮮明にした「学校図書館の利用指導」といった表現に変えるなど、長年にわたって、さまざまなプランや指導内容が発表され、それを受けて多くの個々の実践が試みられてきた。しかし、今なお、統一した内容を共通の概念として理解することができないままに、授業のなかで定着をみない状態で現在に至っている。

「利用教育」をカリキュラム化している学校は数多くみられるが、それらの学校がカリキュラムに基づく授業をどの程度に実施しているかは疑問である。多くの学校でカリキュラム化の段階で止まっていて、「利用教育」の授業に発展していないのは、たいへん残念なことである。

小学校、中学校、高等学校では、学習の時期に若干の違いがあるが、入学の直後にオリエンテーションとして学校図書館の利用方法についての指導を行っている。そして、この利用方法の案内で、「利用教育」の授業を実施したと考えている学校が多い。しかし、このオリエンテーションは学校図書館の閲覧や貸出しの手続きについて説明をしているのであって、学校図書館の利用方法の案内に過ぎない。この一回のオリエンテーションの授業を実施することで「利用教育」の授業を行っているとはいえない。

「利用教育」が教育課程として継続的に実施され、「学校図書館を利用する授業」の生きた内容となっている事例はほとんどみられないのである。

(2) 利用教育の内容

現行の学習指導要領から利用教育の内容を考察する。

『小学校学習指導要領』では、「学校図書館の利用」(利用教育)の内容を、次のように述べている。

　　〈特別活動〉　A　学級活動
　(2) 日常の生活や学習への適応及び健康や安全に関すること。
　　　希望や目標をもって生きる態度の育成、基本的な生活習慣の形成、望ましい人間関係の育成、学校図書館の利用、心身ともに健康で安全な生活態度の形成、学校給食と望ましい食習慣の形成など

『中学校学習指導要領』では、次のように述べている。

　　〈特別活動〉　A　学級活動
　(3)　学業生活の充実、将来の生き方と進路の適切な選択に関すること。
　　　　学ぶことの意義の理解、自主的な学習態度の形成と学校図書館の利用、選択教科等の適切な選択、進路適性の吟味と進路情報の活用など、望ましい職業観・勤労観の形成、主体的な進路の選択と将来設計など

『高等学校学習指導要領』では、次のように述べている。

　　〈特別活動〉　A　ホームルーム活動
　(3)　学業生活の充実、将来の生き方と進路の適切な選択決定に関すること。
　　　　学ぶことの意義の理解、主体的な学習態度の確立と学校図書館の利用、教科・科目の適切な選択、進路適性の理解と進路情報活用、望ましい職業観・勤労観の確立、主体的な進路の選択決定と将来設計など

「学校図書館の利用」を具体的にどのように指導するか、その内容については、さまざまな見解が示されているが、1999 年の『小学校学習指導要領解説特別活動編』には、次のように解説している。

　　各教科などの学習と関連した問題をとらえたり、また、実際に学校図書館の仕組みの理解や利用の仕方に関する実践活動を行うなど、指導に具体性と変化をもたせることが望ましい。また、日常の読書指導との関連を考慮するとともに、日常の学習に学校図書館を活用する態度の育成に努めることが大切である。

また、『中学校学習指導要領解説特別活動編』には、「自主的な学習態度の形成と学校図書館の利用」として、次のように解説している。

　　学校図書館等を、どのように利用したかを含めて学習を振り返り、自主的な学習の場、様々な情報が得られる場としての学校図書館の意義や役割に気づき、積極的に活用する態度を養うことを大切にしたい。

これらの解説から、「利用教育」の内容は、次のように考えられる。

　　「児童生徒が、学習活動や読書活動で、自主的に学校図書館を活用することができるように、学校図書館や学校図書館メディアを利用するのに必

要な知識、方法、態度を学習すること。」

(3) **利用教育の計画**

　利用教育の指導は、独立した学習課題として実施するのではなく、各教科や特別活動の学習と関連した授業のなかで実施することが効果的である。児童生徒は、教科や学級活動の授業のなかで利用教育を学習することによって、自己学習力を培う基礎的、基本的な学習方法を習得するのである。

　利用教育の学習計画の作成に当たっては、次のような条件を配慮しなければならない。

　①学校の総合的な教育課程との整合性を考える。
　②学校の実情に即して実践の可能な計画を作成する。
　③全校教職員の共通理解と協力を得た計画を作成する。
　④児童生徒の発達段階に適応した計画を作成する。
　⑤教科や特別活動の学習計画と一体化した計画を作成する。

　次に、利用教育の学習時間の設定は、基本的には教科や特別活動の学校図書館を利用する授業時間に設定することである。学習指導要領では、「学校図書館の利用」の学習は、特別活動の学級活動・ホームルーム活動の時間に学習することを提示しているが、特別活動の学習内容は多岐にわたり、利用教育の授業を実施するような余裕の時間を生み出すことは至難な状況にある。一部の学習内容を特別活動の時間に学習するにしても、多くの学習内容は教科の学習と融合して実施することになる。

　学校図書館に専任の司書教諭や学校司書が配置されていない現状では、利用教育のための授業時間を設定する工夫が必要である。学級担任の時間割の変更が可能な小学校では、時間割に「図書館の時間」を設定して、利用教育を計画的に実施することも一つの方法である。学校図書館を利用する授業は、教室、学校図書館のいずれでも実施できる授業であるから、必ずしも、「図書館の時間」を設定する必要はないが、司書教諭が配置されていない学校では、どうしても学校図書館を利用する授業が低調になっている。学校図書館を優先して利用できる「図書館の時間」を特設することによって、学校図書館を利用する授業が

活発になる教育課程の編成が可能になる。学級担任は、「図書館の時間」を学校図書館が自由に利用できる時間と位置づけて、国語、社会、理科などの教科や総合学習、道徳、特別活動の授業に使った時間数は、それぞれの授業時間数として調整する。中学校、高等学校では、教科や特別活動の授業で、利用教育の授業ができるように教育課程を工夫する必要がある。

「利用教育」の計画を作成する基礎的な資料としては、文部省の「学校図書館の利用と指導のための指導事項」〔資料14〕や全国学校図書館協議会の「資料・情報を活用する学び方の指導」体系表〔資料15〕がある。

文部省は、指導事項として、次の4主題、A図書館及びその資料の利用に関する事項、B情報・資料の検索と利用に関する事項、C情報・資料の収集・組織と蓄積に関する事項、D生活の充実に関する事項を挙げている。

全国学校図書館協議会の体系表では、「学校図書館の利用」の指導内容が、小学校、中学校、高等学校と一貫して体系的に示されている。指導事項としては、次のような4領域、1)情報と図書館、2)情報源のさがし方、3)情報源の使い方、4)情報のまとめ方を挙げている。

これらの指導事項や体系表を参考に、小学校、中学校、高等学校の「利用教育・読書教育」として必要な基本的学習内容を系統的に編成したのが「学校図書館の利用教育・読書教育体系表」〔資料16〕である。

「1 図書館の利用」が文部省の示しているA、「2 資料のさがし方」「3資料の使い方」がB、「4 資料のまとめ方」がC、「5 読書のすすめ」がDの学習計画である。小学校の（ ）のなかは、この学習内容を授業として展開するのに適している題材・単元の教科を示している。

この「体系表」と「学校図書館メディアを利用する授業」の学習内容を組み合わせて、西宮市小教研学校図書館部会が、全校的に「利用教育、読書教育」を実施するために必要な指導計画を立案したのが「学校図書館の利用教育・読書教育の授業」〔資料17〕である。各学校は、この指導計画を参考にして自校の教育課程を編成する。

「学校図書館の利用教育・読書教育の授業」では、「体系表」の学習内容を「教

〔資料16〕　　学校図書館の利用教育・読書教育体系表

	1. 図書館の利用	2. 資料のさがし方	3. 資料の使い方	4. 資料のまとめ方	5. 読書のすすめ
小1年	○学校図書館の利用 ・学校図書館めぐり ・学校図書館の使い方				○楽しく読む
小2年	○本のあつかい方 ・本のつくり ・本のいたむ原因		○図鑑の利用（生活） ・目次、さくいんの利用 ・いろいろな図鑑		○いろんな本を読む
小3年		○本のならべ方 ・本の種類とならべ方 ・日本十進分類法（10区分）	○国語辞典の利用（国語）	○図書資料の利用（社会） ・目的に応じた資料の利用 ・資料の読み方	○すすんで読む
小4年	○公共図書館の利用 ・図書館のはたらき ・図書館とわたくしたち		○漢字辞典の利用（国語） ○ファイル資料の利用（社会）		○たくさん読む
小5年		○図書の分類 ・日本十進分類法（100区分） ・分類と教科 ○目録の利用	○百科事典、専門事典の利用（社会） ○年鑑、統計類の利用（社会）		○くり返して読む
小6年				○資料リストの作成と利用（社会） ・資料リストの作り方 ・調査研究のまとめ	○考えて読む
中1年	○中学校生活と図書館 ・学校図書館の利用 ・公共図書館の利用	○図書の分類と配架 ・日本十進分類法のしくみ ・図書の配架	○参考図書の利用 ・辞典の利用 ・事典の利用 ・統計の利用 ・新聞・雑誌の利用	○原稿用紙の使い方 ○資料リストの作成法	○楽しんで読む
中2年		○目録の活用	○ファイル資料の利用 ・ファイル資料の特性	○調査研究の記録 ・ノートによる記録 ・カードによる記録 ・機器による記録	○考えながら読む
中3年	○文化施設の活用 ・文学館の利用 ・博物館の利用			○レポートの作成法	○選んで読む
高1年	○高校生活と図書館 ・学校図書館の活用 ・公共図書館の活用 ・図書館以外の情報施設の活用	○メディアの検索 ・図書 ・新聞、雑誌 ・電子メディア	○参考図書の活用 ・参考図書の種類 ・参考図書の特性 ○新聞、雑誌の活用 ・新聞、雑誌の特性	○情報カードの作成 ・情報の整理 ・記録の作成 ・書誌の作成	○多く読む
高2年		○書誌、目録、索引の利用 ・書誌、目録、索引の特性			○広く読む
高3年	○現代社会と情報 ・専門図書館の活用			○論文の作成	○深く読む

〔資料17〕　学校図書館の利用教育・読書教育の授業

		4　月	5　月	6　月	7　月
教科学習のなかでの利用学習	1年	┌学校図書館めぐり └生活「がっこうをたんけんしよう」			
	2年			┌図鑑の利用 └生活「生きものとともだち」	
	3年		┌国語辞典の利用 └国語「国語辞典たんけん」		
	4年	┌ファイル資料の利用 └社会「くらしとごみ」		┌漢字辞典の利用 └国語「漢字辞典の使い方」	
	5年			┌年鑑・統計類の利用 └「米作りのさかんな地域」	
	6年	┌資料リストの作成と利用 └社会「日本のあゆみ」			
学級活動・利用学習	1	学校図書館の利用 ・本の取出し方	学校図書館の使い方		
	2	・本の返し方 ・本の借出と返却		本のあつかい方	
	3			本のならべ方	
	4	コンピュータの利用 ・バーコードリーダー		公共図書館の利用	
	5	・本の検索		図書の分類・目録	
	6				
読書学習	1	楽しく読む	『14ひきのあさごはん』 『ぐりとぐら』		『読んでごらんおもしろいよ』読書案内 読書感想文の指導
	2	いろんな本を読む	読書の記録 読書ノート	『おかえし』 『うんちしたのはだれよ！』	
	3	すすんで読む	適書群の指導 ・動機づくり ・読み聞かせ ・聞かせ読み	『たからものくらべ』 『ながいながいペンギンの話』	
	4	たくさん読む	ブックトーク	『ルドルフとイッパイアッテナ』 『じっぽ』	
	5	くり返して読む	アニマシオン 読書発表会	『もうひとりのぼくも、ぼく』 『アメリカからの転校生』	
	6	考えて読む		『ガラスのうさぎ』 『パパさんの庭』 椋鳩十の作品を読もう	

平成14年(2002年)4月

9月	10月	11月	12月	1月	2月	3月
				┌図書資料の利用 └社会「くらしのうつりかわり」		
┌百科事典・専門事典の利用 └社会「工業生産の発達とわたしたちのくらし」						
『からすのパンやさん』 『エルマーのぼうけん』 『よわいかみつよいかたち』 『火よう日のごちそうはひきがえる』 『真夜中のピクニック』 『舞は10さいです。』 親子読書会の指定図書 『新ちゃんが泣いた！』 『ぼくの一輪車は雲の上』 『走りぬけて、風』 『ふしぎな木の実の料理法』				読書カルタ 『読んでごらんおもしろいよ』まとめ ・おもしろかった本の案内 ・クイズ 読書調査 読書感想画の指導		

〔資料18〕 関西学院中学部・高等部　読書科カリキュラム

	A　自主的自立的学習の体得	B　読書生活の形成と深化
中1	①関西学院中学部図書館の利用指導 ②関西学院大学図書館見学と見学レポート ③公共図書館見学と見学レポート ④図書館の歴史、種類 ⑤図書の分類と配列、目録 ⑥本の基礎知識 ⑦本を読む技術、書く技術 　（アメリカ式読書法）	①「新入生読書のすすめ」（入学前配布） 　による読書への導入 ②『推薦図書リスト』（中学部が作成）に 　よる読書への導入 ③『学習ガイドブック』（各教科からの推 　薦図書）による読書への導入 ④授業はじめの１０分間読書 ⑤読書記録（ノートとカード）を書く ⑥校内読書感想文コンクールへの参加
中2	①情報整理の原理（Ｂ６カードの使い方） ②百科事典（参考図書）の活用 ③新聞記事の活用 ④本を読む技術、書く技術（ＳＱ３Ｒ法） ⑤修学旅行の行き先をテーマにするリサー 　チ・レポートのオリエンテーション ⑥テーマの選定と参考文献の探索	①『推薦図書リスト』による読書への導入 ②授業はじめの１０分間読書 ③読書記録（ノートとカード）を書く ④校内読書感想文コンクールへの参加
中3	①アウトラインの作成 ②情報カードの作成 ③論文用紙への記入 ④仮製本 ⑤プレゼンテーション（質問と回答）	①『推薦図書リスト』による読書への導入 ②授業はじめの１０分間読書 ③読書記録（ノートとカード）を書く ④校内読書感想文コンクールへの参加 ⑤３年間の読書生活を振り返る 　（ブックトーク）
高1	①関西学院高等部図書館の利用指導 ②図書館利用の基礎知識 ③図書館メディア活用のミニ演習	①「図書館で見つけた、この一冊」の案内 ②校内文芸コンクールへの参加 *全員参加 　（読書感想文の部、創作の部、研究エッ 　セイの部ほか） ③『図書春秋』（教師の読書案内文集、夏 　休み前に配布）、『読んでみませんか』 　（読書週間に配布）を読む ④テーマ読書 ⑤年度により創作童話など多様な演習
高2	①研究論文のテーマ設定 ②情報の検索、収集 ③情報の記録（Ｂ６カードへの記入） ④中間報告書	①校内文芸コンクールへの参加 *自由参加 ②『図書春秋』、『読んでみませんか』を 　読む
高3	①アウトラインの作成 ②下書き、推敲 ③論文の仕上げ（清書） ④「論文の要約」作成 ⑤研究成果を口頭で発表	①校内文芸コンクールへの参加 *自由参加 ②『図書春秋』、『読んでみませんか』を 　読む

科学習のなかでの利用学習」「学級活動のなかでの利用学習」「読書学習」の三領域にわけて学習計画を立案し、「教科学習」に体系表の３と４、「学級活動」に１と２、「読書学習」に５の学習内容を充てている。「利用学習」はできるだけ関連する「教科学習」のなかで実施することとし、「学級活動」では、教科のなかで学習するよりも学級活動の時間を利用して学習する方が適切と考えられる主題を扱うことにしている。「読書学習」は教科学習、学級活動の授業のなかで指導計画を立てて実施する。

　中学校・高等学校の例としては、関西学院中学部・高等部が実施している、「読書科カリキュラム」〔資料18〕がある。この「読書科」は、1964年に中学部の教育課程に１年生の一教科として設定されたのが、その後、さらに高等部３か年へ発展したのである。中学部・高等部の６年間を通して、「①自主的自立的学習の体得、②読書生活の形成と深化」を目標に、自発的な学習の基礎を習得する、ユニークな教科として位置づけている。

4　利用教育の授業

　利用教育は、学校図書館や学校図書館メディアを利用する教科、総合学習、道徳、特別活動の授業を効果的に展開するために、学校図書館や学校図書館メディアの利用について、基礎的、基本的な知識や方法を学習する授業である。学校図書館では、いろいろなことを調べることができる、学習を深めることができる、視野を広げることができる、自己を啓発することができるという、学習活動に対する興味と意欲を引き出して、自発的、主体的な学習意欲を促進する。

　教師は、「教科書を教える」のではなく、「教科書で教える」のだという学力観、指導観に立って、学び方を身につける授業＝学習過程を工夫し、児童生徒の主体性、創造性を重視した、「個に応じた教育」の学習計画を立案する。その過程で、「学校図書館メディアを利用する授業」に利用教育の授業の必要性を認識するのである。利用教育の授業は、「学校図書館メディアを利用する授業」

を日常的に実施していると、必然的に必要性が生じてくる。そうでないと利用教育が単なる知識を習得する学習となり、児童生徒の学習意欲を喚起することに発展しない。

具体的には、一つは、「教科学習のなかでの利用学習」である。教科、総合学習で、学校図書館メディアを利用して学習内容を豊かにするために、学校図書館メディアの利用法を学習する授業である。利用教育として必要な学習内容を、教科の学習に融合させ、教科の学習過程のなかで指導する。学習目標は、利用教育の側からは、学校図書館メディアの利用能力を培うことであり、教科指導の側からは、教科の学習目標を達成することである。「利用教育の授業」で習得した知識や方法は、その後の「学校図書館メディアを利用する授業」に還元して活用する。

次の授業の実践例、「第5学年　学校図書館の利用学習（社会科）指導案：年鑑・統計類の利用－わたしたちの食生活と食料生産　2米作りのさかんな地域の学習のなかで－」〔資料19〕は、「(2)利用教育の授業　①教科学習のなかでの利用学習」〔資料12〕（p.82参照）の一例である。

この授業では「学校図書館の利用教育・読書教育体系表」の「3　資料の使い方」の5年の学習内容である「年鑑、統計類の利用」を、5年の社会科の単元「2　わたしたちの食生活と食料生産」の「2米作りのさかんな地域」の中で学習する指導案である。5年、6年の社会科の授業では年鑑や統計を必要とする学習内容が多いので、5年の早い時期に年鑑や統計の上手な利用法を習得して、今後の学習に役立てるのが学習目的である。「学校図書館の利用教育・読書教育体系表」の「3　資料の使いかた」「4　資料のまとめ方」は、このように教科の学習計画に融合するように工夫することが大切である。「学校図書館の利用教育・読書教育の授業」の上段の「教科学習のなかでの利用学習」の5年の5月に、この授業計画がある。

もう一つは、「学級活動・ホームルーム活動のなかでの利用学習」である。学級活動・ホームルーム活動として、学校図書館や学校図書館メディアを利用するために必要な基本的知識を学習する授業である。特別活動の学習計画に、

生涯学習の基礎を育成するといった観点から位置づける必要がある。

　授業の実践例、「第3学年　学校図書館の利用学習指導案：本のならべ方」〔資料20〕は、「(2)利用教育の授業　②学級活動のなかでの利用教育」〔資料12〕（p.82参照）の一例である。小学校の3年で「日本十進分類法」の「類目表」を、5年で「綱目表」を学習するのであり、学校図書館を利用する基本的な知識の習得を目標にしている。

　「学校図書館の利用教育・読書教育体系表」の「1　図書館の利用」「2　資料のさがし方」は、教科の学習と融合して学習するよりも、単一の教材として学習する方が学習効果が期待できるので、学級活動の時間を利用するように計画する。年間35時間程度の学習時間から、各学年2時間を「学校図書館の利用教育」の時間に充てることは可能な学習計画である。この授業は「学校図書館の利用教育・読書教育の授業」の中段、「学級活動」の3年の6月に計画がある。

〔資料19〕
　　　　第5学年　　学校図書館の利用学習（社会科）指導案
　　　　　　　　　　　　指導者　司書教諭

1　題材　年鑑・統計類の利用－「わたしたちの食生活と食料生産
　　　　　　　　　　２米作りのさかんな地域」の学習のなかで－
2　目標　○　農家の人びとは、消費者の需要に応え、自然条件を生かしな
　　　　　　がら栽培技術に改良を加え、計画生産や出荷などの工夫をして
　　　　　　いることに気づく。
　　　　　◎　年鑑・統計の特色を知り、課題解決のための利用を経験する。
3　趣旨　○　日本人の食生活を支える農業や農産物について調べ、自然環
　　　　　　境とのかかわりや農業のかかえる問題を理解させる。
　　　　　　　秋田県横手市の米作りを例に、農家の人びとが自然条件を生
　　　　　　かしながら栽培技術に改良を加え、生産と出荷などの工夫をし
　　　　　　ていることに気づかせる。
　　　　　◎　辞典や図鑑の利用にくらべると、年鑑や統計の利用は初めて
　　　　　　という児童も少なくないと思われる。
　　　　　◎　年鑑・統計は、社会科の学習に欠かせない参考資料である。
　　　　　　新しい実証的データや図表などの視覚的な資料は、興味深く学
　　　　　　習させたり、合理的、科学的な態度を育成したりする点から有
　　　　　　効である。
　　　　　　　ここでは、年鑑・統計を利用することによって、学習する内
　　　　　　容をより深めさせたい。
4　指導計画（全4時間）
　　　　　米作りのさかんな地域………4時間（本時第1時）
5　本時の目標
　　　　　◎　米の主な生産県と生産量を知る。
　　　　　◎　年鑑・統計類の特色や構成を知り、利用の方法がわかる。

6　本時の展開

学　習　活　動	指　導　上　の　留　意　点
1　米の主な生産県と生産量を調べる方法を知る。 2　年鑑・統計を使ってくわしく調べる。 　・統計からさがす。 　・統計の読み方を知る。	○年鑑・統計で調べられることを知る。 ○『朝日学習年鑑〈統計編〉』と『日本のすがた』をグループに配布する。 ○資料を読む段階で、統計を印刷した資料を配る。 ○主な生産県と生産量を日本地図に記入する。
3　年鑑・統計の特色や構成を知る。 　・文章表現が少なく、グラフや図表が多い。 　・数値がはっきりと示されてる 　・資料が新しい。 　・毎年出版されている。 4　次時からは、秋田県横手市を例に、米作りと農家の工夫を学習することを知る。	○これからの学習に年鑑・統計を活用するように勧める。

7　準備
・『朝日学習年鑑2002〈統計編〉』朝日新聞社　10冊(グループに一冊)
・『日本のすがた2002』　　　　　国勢社　　10冊(グループに一冊)
・児童用資料（資料のページを印刷したもの）
・日本白地図

〔資料 20〕
　　　　第 3 学年　　　学校図書館の利用学習指導案
　　　　　　　　　　　　　　　　　　指導者　司書教諭

1　題材　本のならべ方
2　目標　本はきまりによって整理されていることを知り、目的の本を速く探せるようにする。
3　趣旨　学校図書館には本がたくさんあり利用者が多いので、約束を決めて分類し、配架する必要がある。本は、書かれている内容で 0〜9 類に分けられ（10 区分）、さらに、それぞれの類が 10 の網に分類されている（100 区分）。

　本をどのようにして選んでいるか。①読みたい本をどのようにして探すか、②調べたいことについて資料を集めるのにはどうしたらよいかについて、39 名（男 20、女 19）のクラス児童を調べた。
①読みたい本については、
　・友だちに聞く 6 名――（15％）
　・図書館を歩きまわる―― 32 名（82％）
　・先生に聞く―― 1 名（3％）
②調べたいことについて資料を集める（本を探す）では、
　・図書館を歩きまわる―― 23 名（59％）
　・どうしてよいかわからない―― 16 名（41％）
であった。

　3 年「本のならべ方」では、0〜9 類の概要と、よく利用する 4・9 類についてくわしく指導する。5 年「日本十進分類法」では、100 分類と教科との関係を知り、図書資料を学習に役立てることを指導する。

4　指導計画（全1時間）

5　本時の展開

学　習　活　動	指導上の留意点
1　目的の本を探した経験を話し合う。	○例えば「チョウ」について調べる本を探した時など。
2　本は書かれている内容によって仲間に分けられ、決められた書架に入れてあることを知る。 ・10区分（0〜9類）	○児童用プリントを配布する。
3　4類（算数・理科・保健）、9類(文学)を、くわしく知る。	○デパートの売り場の区分を例えにするとよい。
4　ラベルの意味を知る。	
5　分類の練習、本を探す練習をする。	○案内板を利用して位置を確かめさせる。

6　準備　　児童用プリント「たのしい図書館－本のならべ方」

5　学校図書館の読書教育

(1)　学校教育における読書教育

　本を読まない児童生徒が急速に増加している。全国学校図書館協議会と毎日新聞社が共同で毎年行っている「学校読書調査」によると、「5月1か月に1冊も本（教科書・学習参考書・マンガ・雑誌などを除く）を読まなかった」と答えた児童生徒は、1980年以降、次のとおりである。

	1980年	1990年	1995年	2000年	2001年	2002年
小学生	6.8%	10.3%	15.5%	16.4%	10.5%	8.9%
中学生	37.3%	41.9%	46.7%	43.0%	43.7%	32.8%
高校生	49.0%	54.5%	61.3%	58.8%	67.0%	56.0%

　この読書調査から児童生徒の読書離れがいわれて久しいにもかかわらず、学校教育が的確な対応をしてこなかったことを反省しなければならない。読書率の低下は、児童生徒が日常生活のなかで読書する時間が確保できなくなっていること、多くの学校が読書教育を実施していないことが背景にある。2002年の不読者の減少は、「朝の読書」や人気作品、話題作品が大きく影響している。

　読書教育は、学校教育において主体的な学習能力を育成する基礎であり、創造性豊かな人間形成に役立つ重要な学習課題である。しかし、わが国の学校教育では、読書教育は具体的な指導の行われることが少なく、単に読書を奨励することで終わっている場合が多い。読書は長年にわたって知識を獲得する手段であり、個人の読書をとおして人間形成に資するといった、教養的な意味合いに主眼がおかれていた。

　わが国の国語教育は、伝統的に文学教材の読解や鑑賞、古典教材の訓詁注釈が中心であって、言語技術の訓練、特に、事実や意見をすじみちを立てて明確に伝えるという学習が不十分である。教科書の教材は、物語、小説、詩歌、古典に偏っていた。その授業も作者の意図や字句の解釈に終始して、字句を追うだけの展開となり、作品のすじとか登場人物の生活や性格など、人間の面白さを味わうことが少ないのである。教科書の単元・題材を中心に展開される国語

の授業でも、教科書の教材を生かすことができなくて、読むこと、書くことの学習が十分に指導されているとはいえないのが現状である。

　読むことの指導では、読解指導が重視されて、文章が表現しようとしている意味を正確に理解する、確かな読みとりが強調されてきたが、真に読む力をつけるためには、多くの文章を読んで読みを訓練することが必要である。多読する読書体験によって目的に応じた読みができるようになる。

　書くことの指導でも、書くことのあらゆる機会を逃がさずに、どんどん書くという書くことの繰り返しが必要である。書くことは、思考を生み出す過程として大切なことであるが、書くことの訓練は、国語の授業では重視されていない。

　国語の授業が、このような現状であるから、社会、理科など、他の教科や領域の学習でも、教科書を読んで知識を暗記することに終始して、教科書以外の図書資料を利用して読書教育を行うということは、ほとんど実施されていないといってよい。国語はもちろんのこと、社会、地理、歴史、公民、理科、家庭など、教科の授業で指定図書を読んだ後で、4、5人がひと組になって、その本について議論をする。単なる感想の発表ではなく、その本に刺激されて得た自分の考えを討議するという、すじみちを立てて考える力を養う読書学習が必要である。

　今日の学校教育は、思考力、判断力、表現力、想像力、創造力や豊かな知性と感性の育成を重要視している。国語科に限らず、すべての教科や領域の学習において、新しい読書生活に即した、読書教育の開発と実践が期待される。

(2) **多様なメディア時代の読書**

　現代はメディアの時代といわれ、本、マンガ、テレビ、電子図書、インターネットなど、多様なメディアの共存する時代である。そのことを念頭におきながら、児童生徒に対しては、本を読むことによる読書の楽しみ、面白さを体得させなければならない。本は未知の世界を秘めている、本は面白いものだということを体験させることが大切であり、本を読むくせをつけることが肝要である。動くテレビ画像と静止する本から受ける感動の異なることの発見も重要な

かぎになる。

　今日の読書は多面的であり、読みの多様化と統合化が必要であり、読書に対する意識の変革が要求されている時代である。情報化時代に即応して、さまざまな情報を迅速に、かつ正確に読みとって、知識や情報を選択して応用することができる情報処理の読書力が要求される。児童生徒は多様な読書体験を通して、読書の目的によって、音読、朗読、黙読、多読、精読、速読などの多様な読書の方法があることを知る。

　また、児童生徒は自ら読書生活を拡大していくように指導されなければならない。「調べ読み－情報読書」「考え読み－思索読書」「楽しみ読み－娯楽読書」や「知識や情報を得るための読書」「理解を深めるための読書」「人生の指針を求める読書」、あるいは、「学習のための読書」「教養のための読書」「娯楽のための読書」などの読書技術を習得していくのである。

(3) 読書教育の意義

　読書は、「本はこのようにして読むのです」といった具体的な方法で教えられるものではなく、児童生徒の一人ひとりが、自分の読書体験を通して体得するものである。そのためには、より多くの読書の機会を体験して、読書の楽しさを発見させる必要がある。小学校のころに本を読む楽しさを体験した子どもは、その後の一時期に本から離れていても、必ず本との出会いを復活させるものである。

　学校図書館にマンガを備えることの是非が問われているが、マンガの導入が果たして児童生徒の読書離れを防止することができるかどうかは疑問である。マンガは絵が主体であるから、文字の読めない子どもにも容易に理解できるという利点をもつが、この利点は同時にマンガの欠点でもある。マンガを読むときには、文字よりも絵を先に与えられるので、読者は自分のなかにイメージを構築していく必要がなく、画一化されたイメージを楽しむことしかできないのである。マンガを読むことは、活字の本を読むことに比べて、思考力、想像力を働かすことが少なくてすむので楽であるが、楽しさという点では、活字の本に及ばない。

活字の本を読む「読書」の楽しみとは、一人ひとりが自由なイメージを楽しめることであり、これが活字文化の優れた点である。マンガを読んでも、活字の本は読まない児童生徒が多くいることを忘れてはならない。マンガを読むことには、いっさいの手助けは不要であるが、読書への導入には、教師や両親が労力と知恵を働かさなければならないのである。

読書は未知の世界を知ることであり、感性を磨くことであり、読書の喜びが人間のものを考える力、豊かな心を育てるのである。深い洞察力、豊かな想像力、美しい思想の構想力、鋭い感受性は、幼いときから養うことなしには得られないものであり、読書から得るものが多い。学校教育における読書教育は、読むこと、書くこと、考えることを総合した学習で、深く物ごとを考える思考力や洞察力を養い、豊かな知性と鋭い感性をはぐくむ大切な学習方法である。

(4) **学校図書館の役割**

読書教育を展開するために学校図書館の果たす役割は、①読書環境の構成、②読書資料の充実、③読書教育の実践である。

① 読書環境の構成・読書条件の整備

読書教育を推進するために重要なことは、学校図書館が教科やその他の領域の授業で読書教育を実践する場として、常時の開館や貸出しの日常業務、そのときどきの学校図書館活動などで、積極的に読書に取り組む環境を構成することである。読書活動を展開するさまざまな教育活動のなかで、必要とする読書条件を整備することが豊かな読書環境を構成する必須条件である。

② 読書資料の充実・読書資料の提供

学校図書館にとって最も大切なことは、教科学習や読書学習に必要な図書資料を、質と量の両面から充実することである。児童生徒の読みたいという意欲や教師の読ませたいという学習計画に即応できるように、発達段階に適した図書資料を整備し、提供することが必要である。

読みたいという気持ちで学校図書館に足を運んだ利用者が、探している本に出会うことができないと、学校図書館を利用しようとする意欲を失うことになり、次からは利用しなくなるのである。快適な読書条件の整備は、読書

資料を充実すること、読書資料が即座に提供できることである。
③　読書教育の実践・読書学習の開発
　読書は、本来、児童生徒の自由意志と精神の成長に委ねるべきものであるが、成長発達の段階では、計画された意図的な読書教育が必要である。この読書教育で大切なことは、明確な指導理念に基づいた指導計画を立案して実施することである。指導する教師の読書教育に対する熱い思いが通じる読書学習の授業でなければならない。多様な読書技術の習得を視野に入れた、新しい読書学習の開発が期待される。

(5) 読書能力の発達段階

　読書教育では、「適書を適時に」ということがよく言われる。読書の学習に適した状態（レディネス）を理解して、読書能力の発達段階に即した効果的な学習計画を立案することが大切である。松尾彌太郎は、子どもの読書能力の発達段階を大きくＡＢＣＤの四つにわけて、次のように「読書能力の発達段階」を図示している（『本を読む子・読まない子』）。この図を参考にしながら、それぞれの段階で、どのような観点の指導が必要かについて考察する。

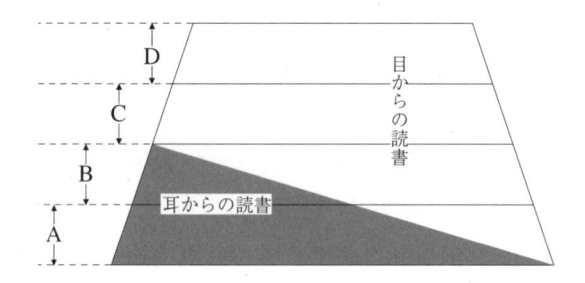

〔Ａ〕の段階―読書入門期：就学前、小学校１、２年
　お話を聞いたり、本を読んでもらったり、耳からの読書を主とする時期で、読書への興味を喚起することが大切である。文字の習いはじめに、自分で読むことを急がせると、読書をきらうようになるから注意したい。音読から微音読に移る時期である。

〔B〕の段階——初歩読書期：小学校3、4、5年

　読書に興味をもち、活字を読むことに慣れる時期である。できるだけ多読をすすめ、読書を通して、いろいろな知識を得たり、本を読むことの面白さを体験させたい。この時期には、目からの読書が主となり黙読にも慣れてくるが、耳からの読書も続けることが大切である。

〔C〕の段階——多読期：小学校6年、中学校

　読書の領域がひろがり、読書によるもののみかた、考えかたに深まりがみられる時期である。堀りさげて考える読書経験を多くして、思索する読書ができるようにしたい。また、目的によって、いろいろな読書方法があることを経験させたい時期である。

〔D〕の段階——成熟読書期：高等学校

　読書による思考が豊かになり、自主的に読書の計画が立てられる時期である。読書の質と量を高め、読書技術を訓練して、生活のなかに読書が生かされるようにしたい。この時期に、社会生活に必要な読書力がほぼ完成する。

(6) 読書教育の指導段階

　読書教育で大切なことは、読書活動は段階的に発展するものであることを理解し、児童生徒の成長発達に見合った読書の学習計画を立てることが必要である。学習指導要領の国語科では、次のような読書の目標を挙げている。

　小学校では、各学年の内容の「C読むこと」に関する指導について、「読書意欲を高め、日常生活において読書活動を活発に行うようにするとともに、他の教科における読書の指導や学校図書館における指導との関連を考えて行うこと」と述べている。

　中学校では、「目的や意図に応じて、的確に読み取る能力や読書に親しむ態度を育てるようにすること。その際、広く言語文化についての関心を深めるようにしたり、日常生活における読書活動が活発に行われるようにしたりすること」と述べている。

　高等学校では、「国語総合」で「読書力を伸ばし読書の習慣を養うこと」、「現

代文」で「生徒の読書意欲を喚起し読書力を高めるよう配慮するものとすること」と述べ、「各科目にわたる内容の取扱い」で、「学校図書館を計画的に利用することを通して、読書意欲を喚起し読書力を高めるとともに情報を活用する能力を養うようにすること。また、音声言語や映像による教材、コンピュータや情報通信ネットワークなども適宜活用し、学習の効果を高めるようにすること」と述べている。

　これらのことから、学校図書館で読書教育を実践するための基本的な指導段階を、次のように考える。
① 　読書興味を誘発する。
　楽しく読むことに力点をおく。読み聞かせの大切なことは、読書の楽しみを知ることによって、読書に対する興味や関心を引き出すことにある。
② 　読書意欲を喚起する。
　本を読む面白さ、楽しさを発見する。読書の楽しみから発展して、自らすすんで積極的に読書しようとする読書意欲を喚起する。
③ 　読書力を涵養する。
　知識を得るための読み、楽しむための読みを知る。自発的に読書ができるようになると、読書によって未知の世界を知る楽しさが加わり、読書力が向上する。
④ 　読書領域を拡大する。
　読む範囲を広げて多読へ導く。できるだけ多くの分野に関心をもたせるようにして、偏った読書を避けるように心がける。
⑤ 　読書技術を訓練する。
　読書量が増大し、くり返して読むことの必要性を自覚するようになると黙読、速読、熟読などの読書方法や知識・情報を得るための読書、理解を深めるための読書、娯楽のための読書といった読書の目的に応じた読書技術を訓練する。
⑥ 　読書の選択力を育成する。
　読書で大切なことは読みたい本を自分の考えで選び、自分に合った読書が

できるようになることである。多読することによって読書の選択力を培う。
⑦　読書習慣を形成する。
　読書の終局の目標である、読書の習慣化、生活化を促進して、読書習慣を定着させる。
　読書教育を充実させるためには、指導者が画一的な考えをもたないことである。一人ひとりの児童生徒に個人差のあることを理解して、それぞれに見合った多様な内容を用意していなければならない。

(7) **読書教育の計画**
　「読書教育」の指導は、教師が個々の考え方で実施するのではなくて、それぞれの学校が教育課程に読書教育を位置づけ、指導計画を作成して全校挙げて取り組む姿勢が必要である。「読書教育」の指導計画の作成に当たっては、次のような条件を配慮しなければならない。
　①学校の実状に合った実践の可能な計画を作成する。
　②全校教職員の共通理解と協力を得た計画を作成する。
　③学年や教科の共同作業による計画を作成する。
　④児童生徒の発達段階に即した計画を作成する。
　⑤指導者の創意と工夫を生かす計画を作成する。
　「読書教育の計画」の例としては、先の「学校図書館の利用教育・読書教育の授業」〔資料17〕がある。基本的には、各教科、総合学習や学級活動・ホームルーム活動の授業、学校行事等のなかで、読書学習が実施できるように教育課程を編成することである。

6　読書教育の授業

　従来の読書指導はややもすると、「本を読みなさい」あるいは「この本はおもしろかったから読んでごらん」という読書案内で終わっていることが多かった。読書教育の授業は、それにとどまらず、教科学習や学級活動・ホームルーム活動の授業として、指導計画に基づいた読書学習を行うのである。読書のお

もしろさや楽しさを知る、知識を習得する、考え方を深めるなどの読書技術を訓練するとともに、一人ひとりの読書への発展を期している。読む力をつけるためには、本の読み方を学習する必要がある。

学習指導要領では、「学校図書館の利用」は、学級活動・ホームルーム活動の学習内容としているので、教科学習や学級活動・ホームルーム活動の時間を利用する読書教育の学習課程を編成して、児童生徒の基礎・基本の学力である読書力の向上を図るのである。読書学習で習得した読書力は、「学校図書館メディアを利用する授業」で活用する。

読書学習は、二つの学習領域〔資料12〕(p.82参照)で指導する。一つは、「3 読書教育の授業①教科学習のなかでの読書学習」で、教科学習の課題として指導する読書学習である。読書学習は国語学習に限られるのではなくて、社会、地理、歴史、公民、理科、家庭など、いずれの教科学習においても工夫しなければならない重要な学習課題である。もう一つは、「②学級活動・ホームルーム活動のなかでの読書学習」で、学級活動・ホームルーム活動の時間に、読書教育の学習計画に基づいて指導する読書学習である。

読書学習には次のような学習方法が考えられるので、これらの方法を活用した読書学習を開発する必要がある。児童生徒の発達段階に応じて、「動機づけ読書」「読み聞かせ」「聞かせ読み」「朗読」「ブックトーク」「共同読書」「調べ読書」「課題読書」「読書記録」などである。

なお、ボランティアによる「読み聞かせ」や「ブックトーク」などは、読書学習ではなくて、学校図書館の活動であることに留意しなければならない。

(1) 動機づけ読書

読書教育の基礎として大切なのは動機づけ読書である。小学校の低学年だけでなく、字がよく読めるようになった高学年でも、さらに、中学生、高校生になっても、読書への動機づけ、読書への誘いを工夫しなければならない。動機づけ読書には、ストーリーテリング、ペープサート、パネルシアター、朝の10分間読書、読書のアニマシオンなどがある。

① ストーリーテリング

本に書かれた物語を、お話にして聞かせることで「おはなし」ともいう。字を知らない子どもや読書に興味を示さない子どもと本を結びつけて、読書に関心を起こさせる有効な方法である。

ストーリーテリングは、話し手と聞き手である子どもたちとの心の交流が大切で、子どもと共同してお話の世界を作りあげていくのである。話し手の感動が聞き手に伝わるように、聞き手の一人に語りかけるように、自然な語りかけを工夫するとよい。

② ペープサート

画用紙などの厚紙に登場人物の姿を切りぬいて、割りばしなどをつけて固定し、手足が動くようにした人形を作る。それを使ってお話を実演する方法である。

③ パネルシアター

平面的なフェルト人形を作る。それをフェルト製の舞台板に貼りながら、お話を実演する方法である。

ペープサートやパネルシアターで、自分が感動したお話を見たり、実演したりすることによって、読書の楽しい世界を発見する上で効果がある。読書集会などに実施すると雰囲気を盛り上げることができる。

④ 朝の10分間読書

全国の学校に広がりを見せている「朝の10分間読書」は、朝の授業が始まる前の10分間、児童生徒と教師が共に本を読むのである。提唱者の林公は、その特徴として、次の四つをあげている。

　1) 全校一斉に行う。——みんなでやる。

　2) 10分間だが毎朝続ける。——毎日やる。

　3) 読む本は自分で選ぶ。——好きな本でよい。

　4) 本を読むこと以外何も求めない。——ただ読むだけ。

全校の児童生徒と教師が自分の読みたい本を用意して、毎朝10分間ずつ、ひたすらに読書するという、児童生徒の読書時間を保障する師弟同行の全校キャンペーンである。その時間に何を読むか、何を考えるかなどは一切問わ

ないのである。大切なことは、「朝の10分間読書」を職員会議に提起する教師集団の勇気と見識である。学校図書館との連携は、無理に考えなくても自然に生まれてくる。

⑤　読書のアニマシオン

　本を読まない子どもたちに、読書の楽しさを伝えるために新しく編み出された、読書意欲を喚起する手法である。本をアニメーション化して、楽しみながら読み物の世界に入っていけるように、読む能力を開発する方法が工夫されている。クイズを解くような遊び心をとおして、心の内面を刺激し、子どものなかに眠っている読書の可能性を引き出そうとするユニークな試みである。

(2) 読み聞かせ

　「読み聞かせ」は、読み手と聞き手が一冊の絵本を見ながら行うのが基本である。大勢が対象の場合は、絵本を見せながら、子どもに本を読んで聞かせるのである。子どもの目の輝きに注意しながら、素直に心をこめて読むことが大切である。絵本や物語は楽しむものであるから、子どもの受ける素朴な感動を大切にしなければならない。読み手が感想を述べたり、声を落として抑揚をつけたり、ほかの話をつけ加えたりはしないことである。子どもと一緒に、本を楽しんで読む気持ちが大切なのであり、自分が好きな本を読めば、自然と迫力が違ってくる。

　読書の入門期に、教師や両親が、読み聞かせをして読書への興味を持たせることの意義は大きい。そこから自ら進んで読書を始めるように仕向けることは、読みかたの準備期に、もっとも適切な読書学習である。

(3) 聞かせ読み

　「聞かせ読み」は、本を読んで聞かせるというのではなく、読み手の教師も聞き手の児童生徒も同じ本を手にして、読み手の読みを聞きながら、それに合わせて同じ本を読むのである。読み手の読書の間合いや息づかいから、ことばのもつ感じやリズムを味わい、作品の心情を理解したり、行間を読むといった、読みの手法を自然のうちに体得する。

「聞かせ読み」は、一人読みに入る段階の小学校の3年生から5年生の児童を対象にした読書学習に、もっとも適した読書法である。本を読まない、本を読むことに不慣れな児童が、一冊の本をみんなと一緒に最後まで読み通すことで、本を読む楽しさ、本を読み終えた達成感、満足感を体験して、読みの自信につながるのである。長編の読み物を読み始める移行期には、教師の後押しが必要である。

(4) **朗読**

「読み聞かせ」の発展した方法に「朗読」がある。小学校の高学年や中学生には朗読をすすめたい。長編の場合には、連続して読みつなぐようにすればよい。朗読は、朗誦、暗誦へと発展し、読書技術を養うことになる。

「読み聞かせ」「聞かせ読み」「朗読」では、児童生徒の実態に合わせて本を選ぶことである。絵本や読み物のなかには、長年にわたって子どもたちに読み継がれている本があるから参考にするとよい。なによりも大切なことは、読み手が心を動かされた本、おもしろいと思った本を選ぶことである。

(5) **ブックトーク**

あるテーマにしたがって、何冊かの本を順序だてて紹介する方法である。目的は子どもにその本を読みたいという気持ちを起こさせることである。教科やある領域に関連したテーマを取り上げることによって、子どもたちに主体的に学ぶ意欲を起こさせ、学ぶ喜びを発見するきっかけを作ることになるので積極的に活用したい指導方法である。

また、「椋鳩十の本を読もう」「戦争と平和を考える」「地球環境を考える」など、大きなテーマのブックトークでは、読書意欲を喚起し、読書の幅を広げ、多様な自発的な読書を期待することができる。このようなブックトークは、公共図書館の活動として行われることが多く、読書の誘発、読書の案内を主眼とするのに対して、学校図書館では、教科学習、読書学習の学習過程で、学習意欲を喚起するねらいがある。

(6) **共同読書**

「集団読書」「学級読書」ともいう。共同読書は、みんながそれぞれ同じ本を

読み、友だちや教師の感想や意見を聞いたり、自分の考えを述べたりする話し合いから始まる。それによって読書のポイントを知ったり、読書短冊、読書レポート、読書感想文などを活用した、聞くこと、話すこと、読むこと、書くこと、考えること、討論（ディベート）すること、という言語技術を総合した学習として展開することができる。長文の一部しか載っていない教科書教材では味わえない読解の楽しみを習得する。基本的な読書技術を訓練しようとする試みである。

「読み聞かせ」「聞かせ読み」などで、読書のおもしろさや楽しさを体験してから共同読書を実施する。小学校の高学年、中学校の1年では、このような読書の楽しさと技術を体得する読書学習を積極的に実施する必要がある。共同読書、学級読書の形態としては、学級読書会、親子読書会など、いろいろな読書会がある。西宮市小教研学校図書館部会が、毎年夏期の研修活動に実施している学校図書館担当教員の読書会は教員相互の共同読書である。

児童生徒の読書能力の発達段階に適応した、全校的に取り組む、計画的な共同読書の実践が期待される。「第3学年読書学習指導案：『火よう日のごちそうはひきがえる』」〔資料21〕は、「(3)読書教育の授業　②学級活動のなかでの読書学習」〔資料12〕（p,82参照）の一例である。「学校図書館の利用教育・読書教育の授業」〔資料17〕の下段「読書学習」の3年の10月にこの計画がある。「読書学習」に取り上げている図書は、西宮市小教研学校図書館部会が授業研究や親子読書会で指定した図書のなかから選択している。

(7)　調べ読書

教科学習、総合学習などで、与えられた課題を解決するために、関連する図書資料や参考図書群（百科事典、専門事典、年鑑、統計、地図、図鑑など）、さらにはファイル資料、ビデオテープなどの諸資料にあたって、「調べ読書」をして授業で発表したり、レポートを提出したりする学習方法である。

この学習では、資料を利用する過程で資料の利用方法についての指導を行うことが学習を効果的にする。この資料を利用する方法や調査研究の方法、研究成果のまとめ方を指導するのが、「学校図書館の利用教育」である。「利用教育」

の学習プログラムを、「学校図書館メディアを利用する授業」に組み入れることによって、調べ学習を豊かにすることができる。調べ学習、探求学習などの学習方法が重視されている今日の学校教育においては、この「調べ読書」は、きわめて大切な学習形態である。

高等学校の公民で、「政治、経済、社会」の関連する幅広いテーマから、生徒が個別的テーマを具体的に設定して小論文を作成したり、理科の「自然と人間」の単元で、「地球にやさしい生活のスタイルを考える」というテーマを課し、関連するメディアを収集して、レポート作成して発表する授業を工夫するなど、多様な実践報告がある。

教科、領域の題材・単元のなかで、学校図書館メディアを必要とする題材・単元を構想して、学校図書館メディアを利用する授業に役立つ学校図書館づくりを急がなければならない。

(8) **課題読書**

「指定読書」ともいう。教科学習のなかで課題図書を指定して、レポートを提出させるのである。わが国の学校教育では、課題図書について論述するレポートを毎学期に何度も提出するというような授業は、今なお、一般的ではないが、読書学習として重視したい学習方法である。

中学校3年の国語の課題読書の実践例を紹介する。教材との関連、生徒の読書力、文章表現力、そのときどきの生活環境への配慮、生徒とともに考えたい課題などに留意しながら、毎月1冊の文庫本を指定する。読み終えたら、思ったこと、考えたことを読書感想文（原稿用紙 400 字詰 5 枚）にまとめて提出することを課した。

なお、この実践のために2年の3学期には『夜あけ朝あけ』（住井すゑ・新潮文庫）を読み、学級読書会を行い、読後の感想文をまとめる学習を指導している。

これらの文庫本は、いずれも教師自らが心を動かされた作品である。課題読書では、教師の熱いメッセージが生徒に伝わることが大切である。課題読書にとりあげた文庫本と、その選択意図は次のとおりである。

4月　『あすなろ物語』　　　　　　井上　靖（新潮文庫）
　　　新しい学年を迎えた生徒たちに共感するものがあると考えた。
5月　『雲の墓標』　　　　　　　　阿川　弘之（新潮文庫）
　　　学級活動の時間に修学旅行の話し合いがすすんでいて、広島の原爆資料館を見学する計画があった。
6月　『旅人』　　　　　　　　　　湯川　秀樹（角川文庫）
　　　国語の教科書で著者の論説文「二十世紀の不安と希望」を学習していたので、それと関連させながら読む。この自伝の舞台が西宮市苦楽園という親近感もあった。
7月　『破戒』　　　　　　　　　　島崎　藤村（岩波文庫）
　　　夏休みなので、多くの本を読むことをすすめたが、1冊は人生に対する迫力のある作品を共有して読むことを考えた。
9月　『ロウソクの科学』　　　　　ファラデー（岩波文庫）
　　　読みずらい生徒もいるだろうが、視野の広い読書を体験することにより、読書領域の拡大を期待した。
10月　『車輪の下』　　　　　　　　ヘッセ（新潮文庫）
　　　生徒たちが自分の進路について、真剣に考える時期なので、読むのに適していると思った。
11月　『チップス先生さようなら』　ヒルトン（新潮文庫）
　　　まもなく義務教育を終える生徒たちに、学校生活を反すうしてほしいと思うとともに、理想とする教師像を伝えたかった。
12月　『銀の匙』　　　　　　　　　中　勘助（岩波文庫）
　　　生徒たちが自らすすんで読む機会のない文学であるが、子どもが体験した子どもの世界を描いた文学として、ぜひ、読ませたいと考えた。
1月　『ものの見方について』　　　笠　信太郎（朝日文庫）
　　　ややむずかしいかと思ったが、考えることの1年間の総仕上げと今後の読書生活への出発という思いをこめてすすめた。

高等学校の国語の課題読書に、毎学期3冊の図書を指定してレポートを提出する実践例もある。

1年	『原稿の書き方』	尾川　正二	（講談社現代新書）
	『私の読書』	阿部　　昭	（岩波新書）
	『文学入門』	桑原　武夫	（岩波新書）
	『独学のすすめ』	加藤　秀俊	（中公文庫）
	『詩のこころを読む』	茨木のり子	（岩波ジュニア新書）
	『万葉百歌』	池田弥三郎	（中公新書）
	『文学の常識』	中野　好夫	（角川文庫）
	『文車日記』	田辺　聖子	（新潮文庫）
	『日本語の年輪』	大野　　晋	（新潮文庫）
2年	『古寺巡礼』	和辻　哲郎	（岩波文庫）
	『考えるヒント』	小林　秀雄	（文春文庫）
	『日本語の文法を考える』	大野　　晋	（岩波新書）
	『司馬遷　史記の世界』	武田　泰淳	（講談社文庫）
	『わが愛する詩人の伝記』	室生　犀星	（中公文庫）
	『自然学の提唱』	今西　錦司	（講談社学術文庫）
	『源氏物語』	秋山　　虔	（岩波新書）
	『タテ社会の人間関係』	中根　千枝	（講談社現代新書）
	『省略の文学』	外山滋比古	（中公文庫）

　また、高等学校「現代史」の授業に、岩波ブックレットの「シリーズ日本近代史」や「シリーズ昭和史」を指定図書として活用した実践例もある。

(9) **読書記録**

　読書学習では、読書の楽しさを味わいながら、どのように読書記録をまとめるかを段階的に学習する必要がある。本を読んだ後で記録を書くことにより、本を読む楽しさに加えて、本を深く読むこと、考えながら読むことを体験するのである。よく読後の感想を書かせることは読書ぎらいを作るなどといわれるが、これは読書体験のない児童生徒に、やみくもに読書感想文を強要すること

から生じることである。
　①　読書短冊
　　読書をするときに、サイドラインやアンダーラインをしたり、書き込みをしたりするが、学校図書館などの本を読むときには、それは許されることではない。また、読書記録としては、児童生徒になじまない手法である。読書記録の最初の段階は読書ノートが適切であるが、児童生徒に本を読みながら記録することを指導しても、簡単なようでなかなかむずかしい。
　　読書ノートに代わる方法として指導するのが、「短冊読書法」と称している「読書短冊」である。白紙の短冊（183 × 42 ㎜・Ｂ５判６等分）を用意し、本を読むときに、気に入ったり、好きになったり、疑問をもったり、心に強く残ったりしたところへ短冊をはさむのである。そして、再読するときは、ここへなぜ短冊をはさんだかを思い出しながら、短冊に心を動かされた本のなかのことばや文章の一部を抜き書きしたり、短冊をはさんだ自分の思いや考えを記録する。次に、短冊を本から取り出して、改めてノートに書き写したり、貼付したりする。「読書短冊」は、児童生徒が読書の発達段階に応じて記録することが可能であり、読書レポートや読書感想文へ発展させることができる。
　②　読書レポート
　　読書レポートは、受け身の読書から自発的、主体的な読書へ発展する小学校３年から中学校１年くらいまでを対象に、読書技術の習得を目指す読書学習の方法である。読書技術は、「本はこのように読むのですよ」と教えられるのではなく、児童生徒の発達段階に即して経験する自らの読書や教師や友だちの読書の手順を学ぶなかで自ずから体得するのである。
　　この読書の手順をワークシート形式で準備したのが読書レポート・ワークシートである。読書学習には児童生徒が読書技術を習得するための補助が必要である。読書レポート・ワークシートは、教師が児童生徒とともに展開する読書の過程に沿って、読みの内容を的確に記述できるように構成してあるので、問いかけに対応しながら読書レポートを書くことによって、自然に読

書の手順が習得できるように工夫されている。読書レポートを資料にして、共同読書の話し合いが活発になり、新しい読みの発見が生まれるのである。

　読書レポート・ワークシートを作成するためには、なによりも教師の深い読みが必要である。西宮市小教研学校図書館部会では、教師の共同読書から多くのワークシートを作成している。読書レポートは、児童生徒が読書の楽しみや読書技術を会得すると、個別的な読書レポートへ発展する。このワークシートの一例が、「読書レポート『火よう日のごちそうはひきがえる』を読もう」〔資料22〕である。

③　読書感想文

　読書感想文を書くことは、本を読む楽しさに加えて、本を考えながら読むことを会得するために大切な学習である。本を読みながら、その感動を自分のことばで文章に書き表わすことは有意義であり、自分が受けた感動を自分で把握して文章を書くことによって本の内容を深く理解することができる。読書感想文は、児童生徒の成長する過程で出会うさまざまの情報を自分のなかで消化したり、論述したりする基礎になるものであり、論理的な思考力や表現力を培う大切な読書学習なのである。

　読書感想文を書くために大切な要素の一つは、多くの本を読んで、読書感想文を書きたいと思う本との出会いがあることであり、もう一つは、平素から国語学習で表現指導が十分に行われていて、読書感想文の書き方についても学習をしていることである。この二つの条件が満たされていないと、読書感想文は、書かされているという思いが負担となって、読書ぎらいの児童生徒を生むのである。読むこと、書くこと、考えることには、段階的な指導と訓練を必要とする。

　読書学習に関連して読書感想文が不評である。特に、全国学校図書館協議会が指定する「課題図書」を対象にした読書感想文を書くことは読書ぎらいの子どもを作っているとさえ言われている。確かに、夏休みを前にして、全国の小学校、中学校、高等学校で一斉に同じ課題図書を指定して読書感想文を書く宿題を課するのは、児童生徒たちに歓迎されることではない。

〔資料21〕
　　　　　　第3学年　　読書学習指導案

　　　　　　　　　　　　　　　　　　指導者

1　題材　『火よう日のごちそうはひきがえる』（エリクソン作・佐藤涼子訳）

2　目標　○　ひとりで暮らしていたみみずくが、明るく陽気な、ひきがえる
　　　　　　　ウォートンと過ごすことによって、友だちの良さを感じるよう
　　　　　　　になっていった心情を読み味わう。
　　　　　○　友だちの感想や意見を聞くことによって、自分の感想や意見を
　　　　　　　深め、読む楽しさを味わう。

3　趣旨　○　みみずくは、自分の誕生日のごちそうにするためにつかまえて
　　　　　　　きたひきがえるウォートンをかびくさいにおいのする陰気な家へ
　　　　　　　連れてきた。みみずくは、名前もなく、友だちもなく、だれかと
　　　　　　　おしゃべりをすることもなかったが、陽気で明るいウォートンと
　　　　　　　数日をいっしょに過ごすことによって、「友だちっていいもんだ
　　　　　　　なあ」と思うようになっていく。自分の気持ちを素直に言い表す
　　　　　　　ことがなかなかできないみみずくの、その心の変化が日々を追っ
　　　　　　　てとても巧みに描かれている。ユーモアあふれる表現と心暖まる
　　　　　　　物語の展開は、児童の心を深くひきつけるものと思われる。
　　　　　○　最近、グループで行動することが増え、それを楽しんでいる児
　　　　　　　童であるが、ときどきお互いの意志や感情の疎通を欠きトラブル
　　　　　　　を起こしている。みみずくの心情に焦点をあてて読み進めること
　　　　　　　によって、友だちの良さを見直させたい。
　　　　　○　本や読書への興味が高まり、深くなっていく時期である。読書
　　　　　　　レポートを書くことにより、読むことと書くことから考える読書
　　　　　　　ができるように体験させたい。また、友だちの意見を聞き、自分
　　　　　　　の感想を述べることによって、読みを深める手がかりとし、個人
　　　　　　　読書のひろがりへとつなげたい。

4　指導計画（全3時間）
　　　　　　第1次　みみずくの住みかに連れていかれた場面までを読む。　1時間
　　　　　　第2次　水曜日から月曜日（誕生日の前日）までを読む。　　　1時間
　　　　　　第3次　火曜日（誕生日当日）を読む。　　　　　　　　　　　1時間

5 目標　○　ウォートンと過ごしたことによって、みみずくが友だちの良さを感じるようになった心情を話し合う。
　　　　○　みんなが同じ本を読んで、感想や意見を話し合う楽しさを味わう。

6　指導過程

	学　習　活　動	指導上の留意点
第1次	1　本との出合い。 2　ウォートンが、みみずくの住みかに連れていかれた場面までを読む。 ・ウォートンとモートンのくらしについて考える。 ・ウォートンと出合うまでのみみずくについて考える。	○表題やさし絵などから興味を起こす。 ○指導者が読み聞かせ、児童は本文やさし絵を見ながら、黙読する。 ○考えを話し合ったり、読書レポートにまとめたりする。 ○課外に、続きを読んだり読書レポートを書いたりするようすすめる。 ○次の場面は、曜日ごとに、たんざくをはさみながら読む。
第2次	3　みみずくの誕生日の前日までを読む。 ・みみずくの言動の変化に着目する。	○つかまった水曜から誕生日の前日の月曜まで、曜日ごとに読む。 ○考えを話し合ったり、読書レポートにまとめたりする。
第3次	4　火曜日（誕生日当日）を読む。 ・みみずくの言動から、心情や考えの変化を考える。	○みみずくの心情の変化を考え読書レポートにまとめる。 ○「ひきがえるとんだ大冒険」シリーズを紹介する。

7　準備
　・『火よう日のごちそうはひきがえる』　エリクソン　評論社　40冊
　・読書レポート
　・「ひきがえるとんだ大冒険」シリーズ　続編3冊

〔資料22〕　＜たのしい学校図書館＞

読書レポート

『火よう日の ごちそうは ひきがえる』を読もう

・本をていねいに2・3回読みましょう。
・本の中のことばや短い部分をぬき書きしながら(ページも)
　考えをまとめましょう。
・それをもとに、学級で話し合いましょう。
・家の人にもすすめましょう。

【1】ウォートンとモートンのくらしをどう思いますか（P4絵も）

_____
_____

【2】ウォートンと出会うまでのみみずくを、どう思いますか。
　　部屋のようす（P27）、名前や食事についての考えなど。

_____
_____
_____
_____
_____

【3】ウォートンとすごしたみみずくは、少しずつ変わっていきます。
　　その変化を見つけましょう。（曜日ごとにたんざくをはさむとよい）

	みみずくの変化	ウォートンが言ったこと・したこと
水曜 Pから		
木曜 Pから		

金曜 P___から		
土曜 P___から		
日曜 P___から		
月曜		
いよいよ 火曜 P___から		

みみずくの変化についてどう思いますか。
こんなことから︙
・どんなつもりでつかまえてきて、どんな考えに変わったか。
・食べるのをやめようと決心したのはいつか。何があったから？
・P24とP81 のちがいとみみずくの思い。
・かきおきには、何て書いていたのかな？
・ネズの実をとって帰ろうとしたのは？

_____

【4】ウォートンは、どんなせいかくのひきがえるだと思いますか。
・真冬にさとうがしを持っていく決心。いろいろなじゅんびや工夫。
・食べられるかも知れないのに、そうじやお茶やおしゃべりをして。
・「あなたからにげるとこです」と言いながらジョージを助けたのは

_____

『消えたモートンとんだ大そうさく』
『ウォートンのとんだクリスマス・イヴ』
『ＳＯＳ、あやうし空の王さま号』　　　も読んでみましょう。

〔資料23〕　＜たのしい学校図書館＞

読書の感想を文に書こう

1　どの本で書くかを決める。

　　さい近読んだ本のなかで、強く心に残っている本、何かについて考えることがあった本を選ぶ。この本で書こうと決めて読むのはやめよう。

2　よく考えながら、ていねいにもう二回ほど読む。

　(1)　本に読書短冊をはさみながら読んで、かんたんなメモをする。

　(2)　文学、物語なら、あらすじを知る。

　　　　はじめは　――　いつ、どこで、だれが
　　　　そして　　――
　　　　ところが　――　かわったこと（なにが、どのように）
　　　　とうとう　――　どうなったか

　(3)　書かれていることを考えながら読む。

　　　①　初めと終わりをくらべると、することや考えが変わった人はいないか。そのことについて考える。

　　　②　作者の考えていることは何か。何を知らせたいのか。

　　　③　どんな意味や気持ちがふくまれているのか。

　(4)　「なるほど」とか「感心した」とか、「これはおもしろい」とか、「ここはすきだ」という文を書き写して、それに自分の考えを加える。

　(5)　自分のことについて考える。

3　書くことがらをならべて、書くかたちを考える。そして、書く。

初めの部分、中心の部分、まとめの部分を考え、いくつかのまとまり（だんらく）をつくる。

(1)　何を中心に書くかを決め、読書短冊のメモをもとに考えを深める。

(2)　書き出しをくふうする。　　本を読んだきっかけから
　　　　　　　　　　　　　　　強く感じたことから
　　　　　　　　　　　　　　　自分の経験したことから

(3)　考えや意見をたくさん書く。（あらすじは書かなくてよい）

(4)　本を読んで、自分の考え方や気持ちが変わったことについて書く。

(5)　だれか決めた相手に話すつもりで書くのもよい。

(6)　先生や友だちなど、その本を読んだ人の意見と自分の考えをくらべて書くのもよい。かぎ（「」）を使っているとよい。

(7)　社会や理科の本だったら、調べたり、実験したりしたことを書く。

4　書いた文を読んで、見なおしたり、書き加えたりする。

(1)　本を読んでよかったという喜びや自分の成長が書けているか。

(2)　自分の考えや気持ちがすなおに書けているか。

(3)　書きたりないところやくり返しているところはないか。

(4)　漢字や送りがなのまちがいはないか。

(5)　句点（,）や読点（。）、かぎ（「」）を正しく書いているか。

しかし、このことから読書感想文や「課題図書」が、読書嫌いを生む根源であるかのような論評は必ずしも的を射ていない。読書感想文は読書にとって必要な学習であり、「課題図書」に選ばれた図書が読書の対象として不適当な図書とはいえない。問題は宿題の出し方そのものであって、反省しなければならないのは、教師の読書感想文や「課題図書」に対する認識の不足である。

　読書感想文を宿題にするときには、児童生徒の読書に対する意欲や関心を十分に配慮して、読書教育の一環として取り扱うことが大切である。読むこと、書くことの、日ごろの訓練がないのに、唐突に宿題にするというようなことは、大いに反省すべきである。読書教育を実践する教師は、子どもの本を多く読んで子どもの本に強くならなければならない。夏休みに、たくさんの本を読むことはすすめるが、読書感想文を書く宿題は課さないというのも一つの見識である。

　＜たのしい学校図書館＞「読書の感想を文に書こう」〔資料23〕は、読書感想文の書き方について指導する教材の一例である。

④　読書感想画

　本から得た、いろいろなイメージや思ったこと、考えたこと、想像したこと、心を動かされたことなどを一枚の絵に表現する。本を読む楽しさは、描かれている世界を想像しながら、主人公と一緒になって語り、笑い、泣き、ときには共鳴したり、反発したりと、自由な空間と時間を共有することである。映像の時代に生きる現在の児童生徒は、絵やイラストを描くことは得意であるから、児童生徒の発達段階の自由な発想による個性ある絵画表現を大切に指導したい。

⑤　読書ゆうびん

　本を読んでおもしろかった本や楽しかった本を、「はがき」に文や絵で表現し、ゆうびんに託して、友だちや家族の人に紹介する。親しい人からのゆうびんは嬉しいもので、読書を通して友だちの輪が広がっていく。読書ゆうびんは、個人の読みを深めながら読書の輪を広げる読書活動である。

第5章　　学校図書館の運用

1　学校図書館メディアの構成

　学校図書館が授業に役立つように機能するためには、十分に精選された豊富な学校図書館メディアの構成と利用者の立場を配慮した学校図書館メディアの組織化が必要である。授業に役立つ学校図書館は、司書教諭と学校司書の協同によって推進されるが、学校図書館メディアの構成は、利用者である教員並びに児童生徒の声に耳を傾けることを忘れてはならない。
　学校図書館は授業に必要な教材センターであり、学校図書館メディアは教員と児童生徒が共有する教材群である。学校図書館が、全国の小学校、中学校、高等学校に設置されて半世紀を経たにもかかわらず、ほとんどの学校図書館は授業に利用できない脆弱な学校図書館といわれている。学校教育において自己学習力の育成が最大の課題とされる今日、学校図書館の果たす役割の重要性を改めて認識し、学校図書館が学習活動、読書活動に計画的に活用できるように、学校図書館メディアの整備を急がなければならないのである。
　マスメディアの多様化、電子化情報の増大にともなって、ややもすると図書資料が軽視される傾向にあるが、学校図書館メディアで基礎的な資料は図書資料である。学校図書館メディアの構成について、図書資料を中心に考察する。

(1)　図書資料の構成

　学校図書館にとってもっとも大切なことは、授業に役立つ図書資料をどのように選択して、どれだけ収集しているかである。とくに、学校図書館の中核的資料である図書資料は、質（教材）と量（複本）の両面から吟味して選択し、その充実を図らなければならない。
　学校図書館の機能の一つである「学習活動を展開する基盤」の観点からは、

学習活動を深めたり広げたりするのに役立つ図書が常に探求されていくことになる。「こんなことを調べさせたい」「この本で調べさせたい」「この本を読ませたい」という学習目標を達成するために必要な図書資料を選択して整備する。

　もう一つの「読書活動を推進する宝庫」の観点からは、魅力のある図書資料群を構成することがポイントである。学習活動の発展として、「こんな本も読ませたい」「こんなことを考えさせたい」という読書教育の目標を達成するために必要とする図書資料を十分に確保しておかなければならない。

　学校図書館の図書資料の構成に対する基本的な考え方は、次の表〔資料24〕のとおりである。まず、図書資料を基本図書と周辺図書に大別し、それぞれの利用目的とその位置づけを常に念頭に置く。教師が積極的に学校図書館の図書

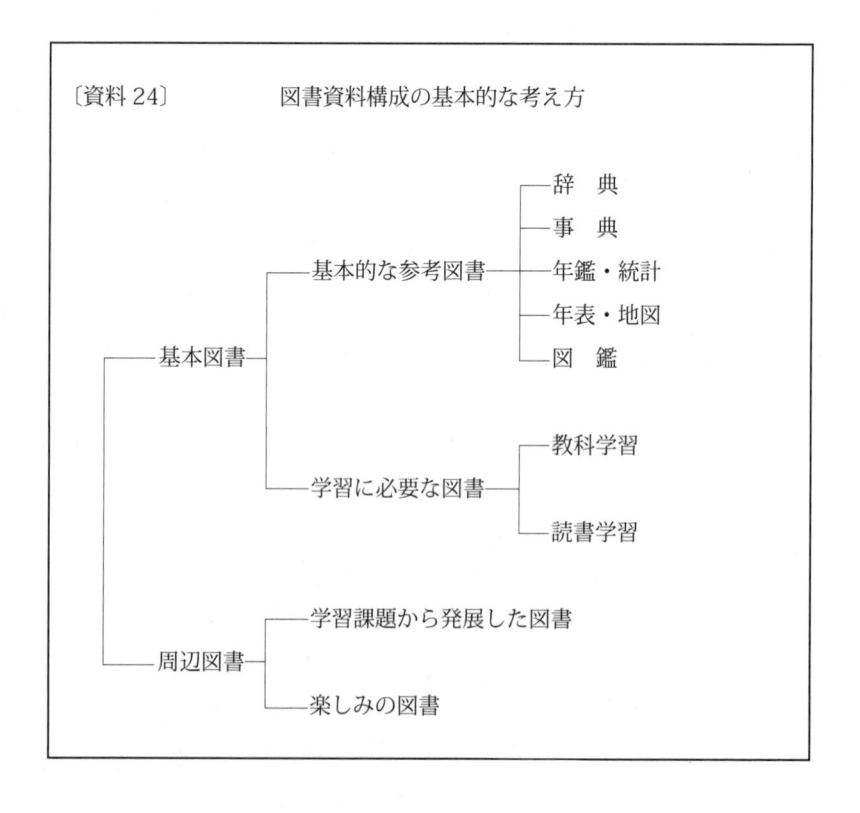

〔資料24〕　　　図書資料構成の基本的な考え方

```
                   ┌─ 基本的な参考図書 ─┬─ 辞　典
                   │                    ├─ 事　典
                   │                    ├─ 年鑑・統計
        ┌─ 基本図書 ┤                    ├─ 年表・地図
        │          │                    └─ 図　鑑
        │          │
        │          └─ 学習に必要な図書 ─┬─ 教科学習
        │                                └─ 読書学習
        │
        └─ 周辺図書 ─┬─ 学習課題から発展した図書
                     └─ 楽しみの図書
```

資料を利用した授業を展開するためには、図書資料を選択する段階で、「この図書資料は、このように活用する」といった、資料収集の意図が明確でなければならない。学校図書館では「蔵書の配分比率」は重要な指標ではないのである。

教育課程の展開に必要な基本図書の第一は、「基本的な参考図書」であり、児童生徒の発達段階に即して、できるだけ多くの参考図書、例えば、辞典、事典（百科・専門・人名）、年鑑（『朝日学習年鑑』・『朝日年鑑』・『天文年鑑』・『文芸年鑑』）、統計（『日本のすがた』・『日本国勢図会』・『理科年表ジュニア』・『理科年表』）、年表、地図、図鑑などを収集する。

第二は、「学習（教科・読書）に必要な図書」であり、教育課程の展開に合わせて綿密な収集計画を立て、資料の整備をしなければならない。「学習に必要な図書」は、『図説学習日本の歴史改訂新版』（全8巻）、『歴史おもしろ新聞』（全12巻）、『図説学習日本の地理』（全8巻）などから読書学習のテキストまでを含めて考える。これらの図書は、40冊、20冊、10冊、5冊、3冊と複本で準備をしなければ学習に役立てることはできない。第一、第二の図書は「基本図書」として、学校図書館は優先的に収集するのである。

次に、周辺図書として、第三に、「学習課題から発展した図書」で、教科学習や読書学習の発展に役立つ図書を精選して広範囲に収集する必要がある。このように、三つの領域の図書資料を充実しながら、第四に、「楽しみの図書」（新刊書を含む）「自由読書のための図書」を収集する。

学校図書館の図書資料の収集には、このような順序が大切である。しかし、多くの学校図書館では、図書資料を収集する順序が逆になっているために、授業に役立たない状況が生じている。第三、第四の周辺図書の場合は、公共図書館とのネットワークや直接に公共図書館を活用して、授業に利用することが考えられるが、第一、第二の基本図書は、それぞれの学校図書館が可能な限り、資料として整備するようにならないと、学校図書館が教育課程の展開に機能することは不可能であり、学校のなかにある図書館としての役割を果たすことができない。

資料選択の基本的な方針は、図書以外の活字メディアやＣＤやビデオテープなどの場合も同じである。学校図書館と公共図書館の基本的な相違点は、学校図書館メディアの選択・構成にある。学校図書館の特色は、それぞれの学校が教育課程の展開に必要な基本図書群を中心に、学校図書館メディアを収集することである。学校図書館の今後の課題は、メディア・センターとしての学校図書館の機能を発揮するために、新聞、雑誌、小冊子、パンフレット類やＣＤ、ビデオテープ、ＤＶＤ、ＣＤ－ＲＯＭを充実すること、校務分掌の学校図書館部と視聴覚部を統合することなどが考えられる。

　学校図書館の機能を支援するため、学校図書館ネットワークの拠点となるリソーセス・センターを、公共図書館ではなく、独立した機関か、地域の教育センターの付属機関として設置することが望ましい。学校図書館へのサービスを目的にするリソーセス・センターは、学校図書館を利用する授業の推進とそれに対応する学校図書館メディアの構成と組織化や装備の一元化が可能である。行政当局に早急に実施してほしい施策である。

(2) **図書資料の選択**

　学校図書館が授業に役立つためには、学校図書館メディアの中核となる図書資料が充実していなければならない。そのために大切な条件は、図書資料を計画的に研究して、購入予定を常に準備していることである。学校図書館の図書資料の研究・選択では、特に次の三点に留意したい。

① 教育課程の活動に必要な図書資料を優先的に考え、図書資料を選択する基本的な方針・姿勢を明確に定めておくこと。

② 図書資料選択の一元化を図り、教科や学年に予算を配分して、図書資料の選定を委任しないこと。

③ 予算が決定してから、「購入リスト」の作成を急ぐのではなく、日ごろから購入を予定する「図書資料リスト」を準備しておくこと。

　次の「図書資料の選択方針」〔資料25〕は、選択方針の基本をまとめたものである。

〔資料25〕　　　　図書資料の選択方針

(1) 基本的な参考図書を充実すること。
(2) 学習（教科・読書）に必要な図書を充実すること。
(3) 読書教育の全校的計画に適切な図書を充実すること。
(4) 郷土に関する図書を充実すること。
(5) 児童生徒及び教員の利用頻度が高い図書であること。
(6) 児童生徒の発達段階や希望を考慮して選択すること。
(7) 必要に応じて複本で購入すること。
(8) 造本、印刷、形態などが学校図書館に適したものであること。
(9) 資料収集の自由を守り、中正な立場で選択すること。
(10) 長期的な収集計画に沿って図書を選択すること。

　図書資料の選択に当たっては、多くの情報を収集し、必要な資料を的確に選択できるようにしなければならない。情報の収集と的確な判断は、司書教諭や学校司書に課せられた重要な任務である。
　「図書資料の選択情報」〔資料26〕としては、印刷資料に限っても、次のような多くの資料があるが、三つに大別して考える。第一は、流通している図書資料の状況を知ることのできる第1次資料情報としての「出版情報」、第二は、団体や機関が一定の条件を定めて選書をした第2次資料としての「選定情報」、第三は、一定の目的のもとに必要な図書を目録化した第3次資料ともいうべき「選定目録」である。この「選定目録」は、「購入リスト」として活用することができる。

〔資料26〕　　　　図書資料の選択情報

(1) 出版情報

(年刊・一般)
- 『出版年鑑＆日本書籍総目録〈ＣＤ－ＲＯＭ〉』（出版ニュース社）

(年刊・特定)
- 『児童図書総目録』（日本児童図書出版協会）
- 『図書館のための本〈小学校版・中学校版〉』(図書館流通センター)
- 『辞典・事典総合目録』（出版ニュース社）
- 『全集総合目録』（出版ニュース社）
- 『便利な文庫の総目録』（文庫の会）
- 『政府刊行物総目録』（政府刊行物サービスセンター）
- 『図書目録』（各出版社刊）

(月刊)
- 『新刊ニュース』（ＫＫトーハン）
- 『新刊展望』（日本出版販売ＫＫ）
- 『こどもの本』（日本児童図書出版協会）
- 『子どもの本棚』（日本子どもの本研究会）

(旬刊・週刊)
- 『出版ニュース』（出版ニュース社）
- 『これから出る本』（日本書籍出版協会）
- 『ウィークリー出版情報』（日本出版販売ＫＫ）

(出版社のＰＲ誌)
- 『學鐙』（丸善）
- 『書斎の窓』（有斐閣）
- 『未来』（未来社）
- 『青春と読書』（集英社）
- 『ＵＰ』（東京大学出版会）
- 『本の窓』（小学館）
- 『本の話』（文藝春秋）
- 『一冊の本』（朝日新聞社）
- 『図書』（岩波書店）
- 『みすず』（みすず書房）
- 『ちくま』（筑摩書房）
- 『波』（新潮社）
- 『本』（講談社）
- 『本郷』（吉川弘文館）
- 『本の旅人』（角川書店）

(2) 選定情報
　・『学校図書館基本図書目録』（全国学校図書館協議会・年刊）
　・『学校図書館速報版』（全国学校図書館協議会・月2回刊）
　・『選定図書総目録』（日本図書館協会・年刊）
　・『選定図書速報』（日本図書館協会・週刊）
　・『こどもとしょかん』（東京子ども図書館・季刊）
　・『よい絵本』（全国学校図書館協議会・年刊）
　・『参考図書研究ガイド』（全国学校図書館協議会）
　・『日本の参考図書』（日本図書館協会）
　・日本子どもの本研究会編『どの本よもうかな？1900冊』（国土社）
　・『毎日新聞』「本はともだち」（毎月第4水曜日）
　・『朝日新聞』「おはなしのくに」（毎月末に1回）
　・『朝日新聞』『毎日新聞』『読売新聞』などの読書欄
　・『週刊読書人』（ＫＫ読書人）（毎週金曜日）
　・『図書新聞』（図書新聞社）（毎週土曜日）
(3) 選定（購入）目録
　・『小学校図書館の学習基本図書』（西宮市小学校図書館研究会）
　・『小学校図書館の本』（西宮市小学校図書館研究会）
　・『読んでごらん　おもしろいよ』（西宮市学校図書館協議会）

(3) 図書資料の更新

　学校図書館の図書資料が児童生徒及び教員にとって、真に魅力のあるものにするためには、常に適切な更新が必要である。不要な図書が多く残っているために、せっかくの新しい図書が利用者の目につくことを妨害している。図書の更新と補充は、図書の選択と同じように重要なのである。
　更新する必要がある図書は、①学習に利用するとき、②読書案内のとき、③書架整頓のとき、④貸出業務のときなどに発見される。図書資料の更新で大切

なことは、「図書資料の廃棄基準」〔資料27〕を定めて、定期的に廃棄をして、必要な図書資料は可能な限り補充をすることである。

〔資料27〕　　　図書資料の廃棄基準

(1)　破損、汚損がひどく、修理に耐えないもの。
(2)　修理はできるが、費用が新本を購入するのと大差のないもの。
(3)　切り抜きや引き裂きのできたもの。
(4)　紛失して1年を経過したもの。
(5)　記述や表現が古く、利用の親しみがうすくなったもの。
(6)　受入れてから相当長期にわたって、利用されていないもの。
(7)　内容が時代おくれになって、学習内容と合わなくなつたもの。
　①社会科学関係書で、情勢の推移につれて、実社会と内容が合わなくなったもの。
　②地誌、旅行案内関係書で、内容が古くなったもの。
　③自然科学、工学、産業関係書で、科学の進歩に対して、内容が古くなったもの。
　④家庭関係書で、現在の生活様式の変化や流行の移り変わりに合わなくなったもの。
(8)　次のようなものは、廃棄しないのを原則とする。
　①郷土資料に関するもの。
　②自校の記録、出版に関するもの。
　③基本的な辞書、事典、図鑑の類。
　④年鑑、国勢図会、理科年表の類。
　　（ただし、③は長期間、④は3年程度使用したものは別置する。）
　⑤入手するのが難しい貴重書。
　　（⑤は、内容によって、公立図書館へ寄託する。）

2　学校図書館メディアの組織化

(1)　組織化の基本方針

　学校図書館メディアの組織化とは、学校図書館メディアの利用や管理がしやすいように、一定の方針のもとに、分類・目録・配架などをすることである。
　ここでは、その中核となる図書資料を取り上げるが、次のような原則に基づいて行うようにしたい。
　①　学校図書館の特性を優先する。
　　学校図書館の特性に合った組織化を第一に考え、資料が多面的に検索できる目録を編成する。とくに、利用者に便利であることを念頭に、教員の教材準備、児童生徒の発達段階による学習活動や読書活動の興味、関心などに留意する。
　②　一定の方針に基づき、一貫性をもたせる。
　　長年の間には担当者が交代するので、組織化のしごとに関するマニュアルを成文化して、引き継ぐようにする。方針の変更には、利用者を迷わせない配慮が大切である。
　③　標準的な方法による。
　　利用者は、どの図書館でも同じような方法で利用できないと不便である。学校図書館は、多くの図書館が採用している標準的な方法を用いる必要がある。基本的には、「日本十進分類法」や「日本目録規則」を、校種に応じた簡略化を図って適用する。図書の分類を、「日本十進分類法」に拠らずに、教科目で分類したり、学校独自の分類をするというようなことは避けなければならない。
　④　共同的な方法による。
　　図書館の整理はＭＡＲＣの利用から、共同目録作業が進行している。学校図書館の場合も、ネットワークを考慮しながら、コンピュータによる集中目録を採用した組織化が必要である。
　⑤　仕事は能率的に行う。

合理的な作業の手順を工夫する。一人で行う場合、複数で分担する場合、整理、装備などの業務を外部の機関に委託する場合では手順が違ってくる。コンピュータによる場合は、そのプログラムに沿って処理する。

(2) 図書資料の分類

学校図書館が所蔵する図書を、利用者が必要に応じて容易に探し出せるようにするためには、同一の内容を扱った図書を一か所に並べ、類似の内容を扱った図書を、その近くに置くように図書を組織化しなければならない。このように図書の内容を的確に把握して、一つの体系に秩序だてて、図書を置く場所を決定することが図書の分類である。

① 分類表と分類番号

学校図書館の図書を組織化するために、どのような分類表を採用するかは重要な課題である。学校図書館では、「日本十進分類法（Nippon Decimal Classification：ＮＤＣ）」（日本図書館協会）を採用することが「学校図書館基準」に示されている。しかし、「日本十進分類法」の細目表を、そのまま使用するのではなく、教育課程、蔵書構成、児童生徒の発達段階などを考慮して、それぞれの学校図書館に適応する分類表を採用するようにしたい。

コンピュータを導入して、小学校、中学校の蔵書を一元化するためには、市、郡などの単位で共通の分類表を定めておくことが大切である。

小学校は、第２次区分表（綱目表）の百区分を基本として、一部は集約するようにする。分類の名辞で児童に理解しにくいものについては分かり易い名辞を用いる。分類番号は第２次区分表に準じて２桁とする。

〔〔資料28〕参照〕

中学校は、第３次区分表（要目表）の千区分を用い、部分的に簡素化して集約する。分類の名辞は原則として「日本十進分類表」の名辞を使用する。

〔〔資料29〕参照〕

高等学校は、第３次区分表（要目表）を基本として、必要に応じて分目１桁を用いる。職業課程の高等学校は、その課程に合わせて分類表の細目を決定する。

分類番号の読み方は、014.4 を、ゼロ・イチ・ヨン・点・ヨンと読む。
② 分類規程

分類作業で大切なことは、分類した結果がつねに統一されていることである。そのためには、分類番号を与える上で首尾一貫して守る法則が必要である。これが分類規程（分類基準）である。

小学校図書分類表〔資料 28〕、中学校図書分類表〔資料 29〕は、西宮市の学校図書館が適用している分類表で、分類規程を注記している。

高等学校は、『日本十進分類法（新訂 9 版）』に従うとよい。この場合も作業の進行に従って、適用する分類規程を注記する。

③ 図書記号

図書記号は、同一分類番号のなかで図書を個別化して順序づけるために用いる記号である。図書記号には、著者名音順、受入れ順、出版年順などがある。学校図書館では、著者の姓の頭文字を用いる方法が広く使われている。

小学校は、ひらがなで、中学校、高等学校は、カタカナで表している場合が多い。ただし、伝記書は被伝者の姓の頭文字を用いる。

全集、シリーズを一括して分類したときには、その順序を明らかにするために、巻冊番号を与える。同一の図書を 2 冊以上受入れた場合には 2 冊めから複本記号を与えるが、学校図書館は複本が多く、書架に配架する際に煩雑なので省略してもよい。

また、分類した図書を、利用の頻度、形態などの点から、一般図書とは別に配列する方が便利な場合には、別置記号を付して別置することがある。参考図書には R（Reference の略）、文庫本、新書判には B（文庫の略）、小説には F（Fiction の略）などが用いられる。小学校の低学年図書は、色別のシールを貼り別置するのがよい。分類番号と図書記号、巻冊番号、複本記号、別置記号を総称して、請求記号（所在記号）という。

〔資料28〕　　小学校図書分類表

00　一　般
01　図書館．読書
03　百科事典
05　年　鑑
07　新　聞
08　全　集
09　郷土資料
　　　（兵庫県、西宮市）

10　哲　学
　　　（生き方、道徳）
14　心　理
15　道　徳
16　宗　教

20　歴史．伝記．地理
21　日本の歴史
22　外国の歴史
28　伝　記
29　地理．地図

30　社　会
　　　（くらし、世の中のこと）
31　政　治
32　法　律
33　経　済
35　統　計
36　社　会
37　教育．学校
38　風俗．習慣
39　国　防

40　算数．理科．保健
41　算　数
42　音．光．熱．原子
43　化　学
44　宇宙．太陽．月．星
45　天気．海．地震．化石
46　生物．人類
47　植　物
　　　（木、草、花など）
48　動　物
　　　（けもの、昆虫、魚、鳥など）
49　医学．保健

5 0　工　業
　　　（機械、電気など）
5 1　土木．橋．公害
5 2　建築．家
5 3　機械．自動車．飛行機
　　　人工衛星．原子力
5 4　電気．テレビ
5 5　船
5 6　鉱業．石炭．石油
5 7　化学工業．やきもの．ガラス．
　　　セメント．石油化学
5 8　製造工業．木工．紙．せんい．
　　　食品
5 9　家　庭

6 0　産　業
　　　（農業、水産業、通信など）
6 1　農業．畜産
　　　（米、野菜、くだもの、畜産など）
6 5　林　業
6 6　水産業
6 7　商　業
6 8　交　通
6 9　通信．放送

7 0　図工．音楽．体育
7 1　図　工
7 2　書　道
7 5　工　芸
　　　（伝統工芸）
7 6　音　楽
7 7　劇
7 8　体育．スポーツ
7 9　趣味
　　しゅ み

8 0　ことば
8 1　辞典．作文．ローマ字
8 2　外国のことば
　　　（外国語の本、辞典など）

9 0　文　学
　　　（物語、童話、詩など）
9 1　日本の文学
9 2　外国の文学

低学年用図書分類表（色分類）

0、8（事典．ことば）……（　）
1、2、3、4、5、6
　（社会．算数．理科）……（　）
7（図工．音楽．体育）……（　）
9（物語．童話．詩）　……（　）

〔資料29〕　　　　中学校図書分類表

000 総　記
　　学問一般、博物館、
　　逐次刊行物もここへ
007 情報科学
　　コンピュータ、ワー
　　プロなどはここへ
010 図書館．図書．読書
　　読書感想文集はここ
　　へ
030 百科事典
050 年　鑑
　　統計年鑑、人口統計
　　などはここへ
070 新　聞
　　新聞語辞典はここへ
　　学校新聞に関するも
　　のもここへ
080 叢書．全集
090 郷土資料
　　範囲は兵庫県内に限
　　る

100 哲　学
　　人生観、論理学はこ
　　こへ
140 心理学
150 道　徳
　　格言、座右の銘、処
　　世術もここへ
160 宗教．神道
　　神話はここへ
180 仏教
190 キリスト教
　　聖書物語はここへ

200 歴　史
210 日本史
220 外国史
280 伝　記
　　人名事典はここへ
290 地理．地誌．紀行
291 日本地理
292 外国地理
298 探険記

300 社会科学
310 政　治
　　外交、地方政治、警
　　察、消防はここへ
320 法　律
　　憲法はここへ
330 経済．財政
　　貨幣、金融、保険、
　　税金はここへ
350 統　計
360 社　会
　　生活問題、社会福祉
　　はここへ
370 教　育
　　学習法一般はここへ
374 学校生活
　　学校行事、生徒会活
　　動、クラブ活動はこ
　　こへ
380 風俗．習慣
　　年中行事はここへ
　　礼儀作法は 150 へ
388 民話．伝説
390 国防．軍事

400 自然科学
　　理科一般に関するも
　　のはここへ
410 数　学
420 物理学
430 化　学
440 天文学．宇宙
450 地学．地質学
　　地震に関するものは
　　ここへ
451 気象学
452 海洋学
　　湖沼、河川、地下水
　　などはここへ
460 生物学
　　人類もここへ
　　古生物、化石は 450
　　へ
470 植物学
480 動物学
486 昆虫類
487 魚　類
488 鳥　類
489 哺乳類
490 医学．保健
　　衛生、薬学もここへ

500 工　学
　　発明、発見、工作は
　　ここへ
510 土　木
519 公　害
520 建　築
530 機　械

537 自動車
538 航空機．人口衛星
　　宇宙旅行やＵＦＯは
　　ここへ
539 原子力
　　原子力に関するもの
　　はここへ
540 電　気
547 通信工学
　　ラジオ、テレビジョン
　　アマチュア無線はこ
　　こへ
550 船　舶
560 鉱業．金属工業
　　石炭、石油はここへ
570 化学工業
580 製造工業
　　木工業、製紙、繊維
　　工業、食品工業はこ
　　こへ
590 家　庭
　　衣服、食品、住居、
　　育児などはここへ

600 産　業
610 農　業
　　農産加工は580へ
620 園芸．公園
　　公園案内に関するも
　　のは290へ
640 畜産業
　　養蚕もここへ
　　畜産加工は580へ
650 林　業

660 水産業
　　水産加工は580へ
670 商業．貿易
680 運輸．交通
690 通信．放送
　　学校放送に関するも
　　のは374へ
　　切手収集に関するも
　　のは790へ

700 芸　術
710 彫　刻
720 絵　画
　　色彩の理論は420へ
727 図案．ポスター
728 書　道
730 版　画
740 写真．印刷
750 工　芸
760 音　楽
770 演劇．映画
　　能、狂言、落語など
　　はここへ
780 体育．スポーツ
　　つりはここへ
　　登山の記録は298へ
790 趣味．娯楽
　　観光案内は290へ

800 語　学
810 日本語
　　放送、演劇のための
　　話し方などは、それ
　　ぞれの主題へ

813 辞　典
　　国語辞典、漢和辞典
　　はここへ
816 作文．文集
830 英　語
833 英語辞典
　　英和辞典、和英辞典
　　はここへ
890 その他の諸言語

900 文　学
908 全集．選集
910 日本文学
　　児童文学もここへ
911 詩　歌
912 戯　曲
　　上演のための脚本は
　　770へ
913 小説．物語
914 随筆．エッセイ
915 日記．手紙
　　書いた人の研究に役
　　立つ日記、手紙は280
　　へ
916 記録．ルポルタージュ
　　手記、対談集もここ
　　へ
918 全集．選集
920 中国文学
930 英米文学
940 ドイツ文学
950 フランス文学
980 ロシア文学
990 その他の文学

(3) **図書資料の目録**

　図書資料の目録は、それぞれの学校図書館に対応した、標準的な目録を採用することが大切である。この目録を作成する方法を定めたものが「目録規則」である。「学校図書館基準」では、「日本目録規則（Nippon Cataloging Rules：NCR）」（日本図書館協会）を採用することになっている。

　学校図書館は開架制をとっているが、図書資料を十分に利用するためには、すべての手がかりから検索できるように、書名目録、著者目録、件名目録、分類目録と図書資料を管理するための書架目録を整備する必要がある。

　今日の学校図書館の状況では、目録を作成することは、たいへん困難なしごとなので、小学校、中学校では、事務用目録として書架目録を作成し、閲覧用と兼用する。書架目録は、その代わりとはいえないが、閲覧用の分類目録的な利用をすることができる。書架目録は、学校図書館の図書資料のカード検索をコンピュータ検索に変更する際にも必要である。

　また、閲覧用目録として、件名目録は、ぜひ作成したい。学校図書館では、書名や著者から検索することは少なく、主題から検索することが多いので、図書の主題を表す件名から検索できる件名目録が必要である。学校図書館にもコンピュータが導入されているので、キーワードとして、書名（の一部）・著者名（の一部）・主題件名をとりあえず入力して、図書資料を検索することが容易になりつつある。

① 目録作業

　目録カードは、図書の標題紙や奥付などを調べて作成する。「日本目録規則（1987年版）」（日本図書館協会）は、「記述ユニット方式」で、国際標準書誌記述（International Standard Bibliographic Description：ＩＳＢＤ）に準拠して、機械可読目録（Machine-Readable-Cataloging：ＪＡＰＡＮ／ＭＡＲＣ）に適応することを意図している。記述すべき書誌的事項に関しては、必須、標準、詳細の別による3水準が示されている。学校図書館は、小学校・中学校では第1水準（必須の書誌的事項）、高等学校では第2水準（標準の書誌的事項）をベースにして採用するとよい。

〔資料30〕　小学校・中学校の記述ユニットカードの記載位置

```
請　求
記　号        標　目

              記　述
              書　名　副書名　巻次　著者表示
              出版地　出版者　出版年
              ページ数　大きさ　（シリーズ名）
              注記　ISBN
登録番号

              標目指示（トレーシング）
```

〔資料31〕　小学校の記述ユニットカードの記載例

```
００
 じ          ジュニア版コンピュータ百科　１　鈴木咲子監修
 １          東京　ポプラ社　1999.4
             104p　24 ㎝
             付属資料：CD-ROM(1 枚　12 ㎝)
             １　これでわかる入門パソコン用語事典　結城和則著
             ISBN4-591-05974-X

                 t1.ジュニアパソコンピュータヒャッカ１　t2.コレデワカルニュウモンパソコンヨウゴジテン
11877        a1.スズキ,サキコ　a2.ユウキ,カズノリ　s1.電子計算機
                 ①００　　　　　￥5,000
```

記述ユニットカードは、記載位置に、書名、著者表示、版表示、出版等、形態、シリーズ、注記に関する事項、ＩＳＢＮ（International Standard Book Number：国際標準図書番号〔資料32〕）などを記録する。〔資料30〕これらの書誌的事項の記録を「記述」という。学校図書館が手書き方式で目録を作成する場合は、書名、著者、出版地、出版者(社)、出版年、シリーズ名、注記、ＩＳＢＮを記入する。〔資料31〕

記述ユニットカードには、資料検索の手がかりとなる標目指示（トレーシング）があり、この標目指示に従って必要なカードの枚数を印刷・複製して、「標目」や「請求記号（所在記号）」を記入し、必要な目録を編成するのである。

〔資料32〕　ＩＳＢＮ（国際標準図書番号）：日本図書コードの表示

　ＩＳＢＮ（International Standard Book Number：国際標準図書番号）
「国別記号－出版者記号－書名番号－チェック数字」→10桁の数字

```
ISBN4-907654-57-X  C3000
─────────────────  ──────
ISBN（国際標準図書番号）  分類コード
```

---

② 書架目録

書架目録は、書架上の図書の配架と同じ順序に配列（排列）した目録である。分類番号、図書記号の決定、図書資料の構成や蔵書点検（書架点検）などに必要である。記述ユニットカード、あるいは手書きのカードに、請求記号、登録番号を記入し、見出しカードを入れて編成する。

③ 件名目録

件名を標目として記入し、その音順に配列した目録が件名目録である。

「件名」とは、図書の主題を表すための簡明な名辞（コトバ）のことである。図書の主題をコトバで表した件名は、必ずしもそのままの形で標目になる

とは限らない。標目となる件名を、つねに統一された形に維持するための典拠として「件名標目表」がある。同一主題を意味する異なる件名や類似概念の件名、あるいは件名の表記法などを、標目として採用する件名に統一するための典拠である。

「件名標目表」は、与えた件名が標目として採用できるかどうかを決定するツールである。学校図書館が使用する件名標目表には、『小学校件名標目表第2版』『中学・高校件名標目表第2版』(全国学校図書館協議会)がある。高等学校では、『基本件名標目表第3版』(日本図書館協会)を使用している学校図書館もある。

④　目録の配列（排列）

目録の配列とは、標目の文字、数字、記号などによって、一定の順序に編成することである。学校図書館では、標目の表記に小学校はひらがな、中学校・高等学校はカタカナを用いる。

(4)　図書資料の配架

図書資料の配架（排架）とは、請求記号（所在記号）に従って、図書の書架上の位置を決定して配架することである。配架に際しては、分類記号の小さい数字から大きい数字へ、棚の左から右へ配列し、棚板の手前から1～2cmの位置に図書の背を揃えて配置する。なお、各棚には、数冊程度を配架できるゆとりを残すようにする。

図書資料は請求記号の順に配架するのが原則であるが、図書の性格、形態、装丁、利用の目的などによっては別置したほうがよいものもある。学校図書館にみられる別置は次のとおりである。別置した図書資料の配架は、それぞれのグループごとに、一般の配架と同様にすることが利用者に便利である。

①　参考図書

辞典、事典(百科・専門・人名)、書誌、年鑑、統計、年表、地図、図鑑などの参考図書は、参考図書コーナーを設置したり、特別の書架へ配架したりして別置する。これらの図書は図書の背の上部に「参考図書」のラベルを貼って表示するとよい。

② 大型本
　Ｂ４版以上の大型図書は一般の書架に収容できないので、特別な書架に別置する。正規の位置には代本板で別置を表示する。
③ 小型本
　文庫本、新書版は専用の書架を用意して別置する。
④ 低学年用図書
　小学校では低学年用の図書は別置するほうがよい。
⑤ 教師用図書
　教師用図書を図書館内に置く場合は、小学校、中学校では別置したほうがよい。高等学校でも、教育関係の専門図書は別置する。

なお、利用者が必要な図書を容易に探し出せるように、どこに何が配架されているかを表示した書架案内、分類案内を掲示する必要がある。図書の分類や配架のきまりを知らない利用者にとっては、親切な案内（サイン）のみが頼りであることを忘れてはならない。

3　学校図書館の活動

　近代の図書館は奉仕機関である。その基本的な機能は、利用する人びとの要求に対応できるメディアを選択・収集して、利用者が必要とするときに、的確なメディアを提供することである。

　学校図書館の機能も同じであるが、学校図書館には、利用する児童生徒及び教員の教育活動に、メディアを提供・案内して、学習活動、読書活動を豊かにする教育機関としての機能がある。学校図書館は、教育課程の展開に必要なメディアを提供する奉仕センターである。

　国際連合教育科学文化機関（ユネスコ）が、1999年に批准した「ユネスコ学校図書館宣言」では、「学校図書館サービスの方針は、各学校のカリキュラムに関連させて、その目標、重点、サービス内容が明らかになるように策定されなければならない」と述べている。

　わが国の小学校、中学校、高等学校に学校図書館が設置されて半世紀を経ながら、専任の学校図書館専門職員が配置されていないために、学校図書館活動には見るべきものが少ない。現状は、限られた範囲のなかで、変則的な閲覧や貸出が実施されている。児童生徒の在校時間には、いつでも自由に学校図書館を利用できることが学校図書館の当然の原則であるが、小学校・中学校の図書館は児童生徒の在校時間中でも閉館している時間帯が多くて、利用が制約されている。高等学校の場合も、必ずしも学校図書館専門職員が配置されているとはいえない状況が続いている。単数の配置では活動に自ずから限界がある。専任の専門の人の不在な学校図書館やカウンターを担当する主役が児童生徒の図書委員といった学校図書館は、直ちに解消しなければならない。

　学校図書館が学校教育の今日的な課題の解決に役立つためには、学校図書館の機能が活用できる、人、資料、設備の条件整備によって、きめの細かい学校図書館の活動の展開が必要である。

　学校図書館の活動には、支援活動、奉仕活動、行事活動がある。

(1) 学校図書館の支援活動

　支援活動では、司書教諭や学校司書は、教科担任や学級担任の授業計画との連携を密にし、教員の授業計画の立案や展開に協力して、教材の選択や準備を支援する。さらに、児童生徒が学習活動や読書活動に必要な資料・情報を提供して、的確な図書・メディアを自ら選択できるようにする。

　活動の具体例をあげると、課題書架の「戦争と平和を考える本」を特別に配架したり、学年書架をオープンスペースや廊下などに配置したり、「辞典、事典、年鑑、図鑑、単元図書、学年適書群図書」を学習の進展に対応して、一定の期間に限って配架したりすることなどである。

　読書活動を活性化するためには、小学校の低学年だけではなく、字がよく読めるようになった中学年、高学年、さらに、中学生、高校生にも、読書への興味と関心を喚起する読書の支援活動が大切である。

　西宮市小教研学校図書館部会が授業研究の記録を蓄積している『学校図書館の利用-授業資料-』や学校図書館メディアの充実と学校図書館メディアを活用する授業を支援するために、30年以上にわたって研究を続けている、学校図書館メディアの目録である『小学校図書館の学習基本図書』『読んでごらんおもしろいよ』『小学校図書館の本』は、授業を支援する活動である。

① 『学校図書館の利用-授業資料-』

　西宮市小教研学校図書館部会は、1972年以来、毎年2回学校図書館を活用する授業について授業研究を積み重ねている。1回は、「学校図書館メディアを利用する授業」か「利用教育の授業」で、もう1回は、「読書教育の授業」で、2002年度で延べ65回になる。授業研究の学習指導案や児童用プリントは、その後の授業の参考資料となり、多くの教員に活用されている。

　1993年3月に、それらの資料を集録したのが、『学校図書館の利用-授業資料-』である。その後も資料は公開している。授業研究の資料・記録を公開することによって、すべての教員が学校図書館を利用する授業と容易に取り組めることを目指している。

② 『小学校図書館の学習基本図書』

　1973年8月に西宮市小教研学校図書館部会で、学習に役立つ社会科の参考図書について学習したときに、各学校が作成した、B4判1枚の「社会科図書資料」を交換したのがスタートである。その後、社会科に加えて理科の研究も進んだので、その成果を冊子にすることになり、79年に社会科、理科の『小学校図書館の学習基本図書』を発行、92年の改訂で、国語科、生活科を加えた。「学習基本図書〈社会科〉」〔資料33〕は、その一例である。

　現在は小委員会を常設して、国語科、社会科、理科、生活科の学習計画を研究し、学校図書館メディアを活用すると学習内容が豊かになる題材・単元を選び、出版状況も考慮に入れて教科学習に役立つ資料を選定している。学校図書館を利用した授業から、資料の検討と見直しを繰り返して、「学校図書館メディア」を整備する努力を続けている。2001年版は7訂版である。

③ 『読んでごらんおもしろいよ』

　1966年7月から、毎年、西宮市の幼児、小学生、中学生を対象に発行している図書目録で、2002年版で第37号になる。幼稚園・小学校・中学校の教員と、市立図書館の職員から委嘱された選定委員27名（幼5・小12・中8・図書館2）が、前年1年間の新刊書を手分けして読んで、幼児、児童、生徒が読んでおもしろいと思う本を〈幼児から〉〈小学1・2年から〉〈小学3・4年から〉〈小学5・6年から〉〈中学生から〉の5グレードに各15冊を選定してリストアップし、5月に解説を書いて、7月の夏休み前に幼稚園児、小学生、中学生の全員に配布する。この目録は、学校図書館が「楽しみの図書」を購入する目録としても大きな役割を果たしている。

④ 『小学校図書館の本』

　1975年9月に、毎年発行している『読んでごらんおもしろいよ』のなかから、よく読まれている本を取り上げて、10年特集号を編集したのが最初である。その後の改訂で、小学生によく読み継がれている本を加えて編集した。学校図書館の図書を廃棄して更新する場合に、補充を必要とする目録としても役立っている。

〔資料33〕　　　　　学習基本図書＜社会科＞

～～～～　社会科　～～～～

6年「日本のあゆみ」

【A群】（グループ学習用に10冊ずつ揃えたい）

「調べ学習に役立つ日本の歴史」小峰書店　全12巻32,616円　各2,718円
1 縄文式土器とたて穴住居をしらべる　2 青野ヶ里遺跡をしらべる　3 古墳をしらべる
4 遣唐使船をしらべる　　　　　　　　5 平安京をしらべる　　　　6 元寇をしらべる
7 金閣　銀閣をしらべる　　　　　　　8 南蛮屏風をしらべる　　　9 大名行列をしらべる
10 災害の歴史をしらべる　　　　　　11 日本の近代化をしらべる　12 太平洋戦争をしらべる

「調べ学習に役立つ日本史の大疑問」ポプラ社　全8巻24,000円　各3,000円
1　日本人や祖先はどこから？　　　　2　聖武天皇はなぜ大仏をつくった？
3　頼朝はなぜ鎌倉に幕府をつくった？　4　応仁の乱で京都はどうなった？
5　信長はどんな人物だった？　　　　6　大名行列の費用はどのくらい？
7　文明開化で変わったことは？　　　8　太平洋戦争はなぜおこった？

「図説学習　日本の歴史　改訂新版」旺文社　セット27,960円　各3,495円
1　古代国家の成り立ち　　　　　　　2　貴族の世の中
3　武士の活躍　　　　　　　　　　　4　町人の進出
5　近代社会の発達と発展　　　　　　6　ものがたり人物事典（上）（古代～安土桃山）
7　ものがたり人物事典（下）（江戸～現代）　8　文化の流れ　総合年表　関連さくいん

「歴史おもしろ新聞」ポプラ社　全12巻28,800円　各2,400円
1　卑弥呼、邪馬台国の女王に　　　　2　東大寺に日本一の大仏
3　栄華をきわめる藤原氏　　　　　　4　頼朝、鎌倉に幕府をひらく
5　足利義満、室町に幕府をひらく　　6　秀吉、大阪城を作る
7　徳川家光、鎖国令を出す　　　　　8　吉宗、享保の改革を行う
9　開国せまるペリーの黒船　　　　　10　明治天皇、憲法を定める
11　太平洋戦争はじまる　　　　　　12　日本商品、世界をかける

「写真・絵画集成　戦争と子どもたち」日本図書センター　セット58,000円（分売不可）
1　戦火のなかの日々　　　　2　教室から自由が消えた日　　3　戦時下のくらし
4　小さな戦士といわれて　　5　家族と離れて生きる　　　　6　焦土から立ち上がる

「絵で見る日本の歴史」福音館書店　　　　　　　　　　　　　　2,300円

「21世紀こども人物館」小学館　　　　　　　　　　　　　　　4,760円

「歴史アルバム　時代をきめた114のできごと」PHP研究所　全6巻15,144円　各2,524円
1　原始大和奈良時代　　　2　平安　鎌倉時代　　　3　室町　安土桃山時代
4　江戸時代　　　　　　　5　明治時代　　　　　　6　大正・昭和　平成時代

「人物アルバム　歴史を生きた78人」PHP研究所　全6巻15,144円　各2,524円
1　未来をみつめた人たち　　　　2　国を動かした人たち
3　時代を変えた武将たち　　　　4　文化をそだてた人たち
5　未知の世界にいどんだ人たち　6　日本と外国をむすんだ人たち

「調べ学習にやくだつくらしの歴史館」ポプラ社　全8巻20,000円　各2,500円
1　食物の歴史　　　2　衣服の歴史　　　3　住まいの歴史
4　交通・通信の歴史　5　農業・漁業の歴史　6　商業・工業の歴史
7　文化の歴史　　　8　国際関係の歴史

(2) 学校図書館の奉仕活動

　学校図書館の奉仕活動では、司書教諭や学校司書がカウンターで、閲覧、貸出、資料の案内、レファレンス・サービスなど、利用者の要求に応えるサービスを創出することが大切である。カウンターは、利用者の具体的な要求や図書館に対する信頼度を感得できる、利用者と提供者の貴重な接点であり、サービス・デスクなのである。このほか、予約やリクエストの制度、プライバシーの保護、コンピュータによる検索の整備や利用者統計などの作成、館報・掲示・展示や校内放送を活用した読書アワーなどの広報活動、児童生徒の図書委員会活動も大切な奉仕活動である。

　① 閲覧

　利用者が図書館内で図書館にある資料を利用することで、もっとも基本的な図書館の利用方法である。館内閲覧、館内利用ともいう。

　学校図書館の場合は、公共図書館と異なり、授業時間に学級単位で図書館を利用することが多いので、このような館内利用に対応できるサービス活動を展開する必要がある。

　資料の複写は、小学校、中学校では、教材として必要な資料はコピーをとって、それを印刷するようにしたい。高等学校では、一定の利用基準を設定すべきである。

　なお、館内閲覧に関連して気付くことは学校図書館内の机の配置である。閲覧室の広さ、定員数については配慮されていても、机の規格や配置には工夫が足りないように思う。いま一度、利用者の立場から、集団学習の立場から検討を加えたい課題である。

　② 貸出

　利用者が図書館から必要な資料を所定の手続きをして館外に持ち出し、一定の期間を限って利用する方法である。館外閲覧、館外利用ともいう。学校図書館の場合、貸出記録をどのようにするか、指導上で必要とする記録とプライバシー保護の問題をどのように考えるかなど検討課題は多い。貸出方式には、次のような方法がある。

1) ブックカード式（ニュアーク式）

　学校図書館で広く採用している貸出し方式である。個人カードとブックカードの2票式である。利用者は、個人カードと借りる本のブックカードに必要事項を記入し、図書館側は、カードを一定の順序に整理して保管し、貸出しをする。しかし、最近は、ブックカードに利用者の氏名を記入するとプライバシーが保護できないという理由から、氏名は記入しないで、貸出日と返却予定日のみを記入して、個人カードとともに保管する方法を取り入れている学校図書館が増えている。

　この方式で、個人カードをＡ5判やＢ6判の大きさにして、読書記録を記入し、ブックカードには、書名と図書の登録番号だけを記入している学校図書館もある。ニュアーク式の応用である。

2) ブラウン式

　袋状の利用者名の書いてある貸出券に、ブックカードを挟み込んで保管して、貸出す方法である。ブックカードを袋状にしておいて、それにカード状の貸出券を挟み込む、逆ブラウン式もある。

3) コンピュータ方式

　図書や利用者のデータを入力装置で読み取って貸出す方法で、バーコードをリーダーで読み取る方式が多く採用されている。貸出しの手続きがスピーディであり、プライバシーの保護も簡単である。

③　特別貸出

1) 一夜貸出

　図書館の閉館時から、次の開館時までに限り貸出しをする方法である。学校が週五日制なので、「週末貸出」は効果的な貸出方法である。図書資料に「禁帯出」のラベルが貼ってあることが多いが、「館内」といった表示に改め、これらの図書資料も「一夜貸出」の方法で、「貸出」ができるようにしたい。

2) 一括貸出

　ある程度の数の資料を一定の期間、一括して貸出す方法である。学校図書館では、学級文庫、教科研究室、教室の授業などへ、一括して貸し出す場合

がある。

　学級文庫は、読書教育の全校計画に組み込んで、学校図書館の分館として運用することが望ましいので、読み物資料の「適書群セット」などを準備して、期間を限って「一括貸出」をするようにしたい。教科研究室へは、複本で整備している「参考図書」の一部を除いて、貸出さないことを原則にすべきである。教室の授業には、ブックトラック、運搬ケースなどで一括して貸出すようにする。

④　予約制度

　予約制度とは、利用者が希望する資料が、貸出中などで利用できないときに、利用者からの予約を受付けておいて、資料の返却を待って提供する方法である。資料が返却されて、予約した人に連絡する場合には、他の人にどんな資料を予約したかがわからないように、プライバシーの保護に配慮しなければならない。これは、次のリクエスト制度の場合も同じである。

⑤　リクエスト制度

　リクエスト制度とは、利用者が要求している資料が自館にないときに、その資料を図書館側の努力によって探し出して、一定期間内に提供することである。リクエストされた資料を入手する方法には、購入、相互貸借の方法がある。購入は、資料が自校の図書館にない場合に、資料の必要を検討して購入を決定する方法であり、相互貸借は、他校の学校図書館や公共図書館から借りてくる方法である。

⑥　資料案内・読書相談

　利用者が必要な学校図書館メディアを選択したり、カウンターで借り出したり、返却の手続きをするときに、資料について案内したり、相談に応じることである。担当者に気軽に質問をしたり、アドバイスを受けることによって、利用者は学校図書館に対して信頼感や期待感をもつのである。

　資料案内や読書相談に対応するためには、司書教諭や学校司書は、児童生徒の学習プログラムについて熟知し、学習資料、読書資料に関して、豊富な知識が必要であり、日ごろからの研修が欠かせない。

⑦　レファレンス・サービス（Reference Service）

　レファレンス・サービスは、利用者がさまざまな資料や情報を求める質問に対して、必要としている資料の検索方法を教えたり、学校図書館の資料と機能を活用して、質問者に適切な回答を提供したりする奉仕活動である。参考業務、参考調査ともいう。

　学校図書館では、もっとも大切な機能でありながら、専任の専門職員が不在のために、ほとんどこの活動は行われていない。司書教諭、学校司書の専任化によって、児童生徒及び教員からの質問や教員の授業計画の相談に対応できるようになれば、学校図書館は本来の機能を発揮することになる。

⑧　広報活動

　教員や児童生徒の学校図書館の利用を促進するのが広報活動である。館報で、学校図書館の利用法や新しく受け入れた資料情報、集会行事を案内したり、教職員や児童生徒の寄稿を豊富にして親近感をもたせたり、掲示や展示を活用してＰＲ活動をするなど、多面的な広報活動を工夫したい。また、校内放送に毎週一回の定時番組「図書館の時間」を設定して、学校図書館からのお知らせや学校図書館の本の紹介、本や学校図書館についてのインタビューを放送するのも効果的である。

⑨　図書委員会活動

　児童生徒の図書委員は、カウンター業務の主役のように見られているが、学校図書館の貸出や返却の業務を補助する要員ではなく、学校図書館と学級をつなぐのが本来の任務である。図書委員会活動は、特別活動における児童生徒にふさわしい内容を展開しなければならない。図書委員会には、次のような活動内容がある。

1) 広報－学校図書館メディアの紹介、学校図書館行事の案内
2) 編集－学校図書館報の作成
3) 奉仕－メディア検索の案内、書架整頓、返却図書の配架
4) 調査－読書調査、利用者統計
5) 行事－読書会、読書集会、講演会、文学散歩などの企画・進行

(3) 学校図書館の行事活動

　行事活動では、学校の総合的な教育課程の編成に当たって、学校図書館の機能を教科や特別活動の学習計画に組み入れる必要がある。学習活動や読書活動を豊かにする教育目的との整合性が必要であり、学校図書館行事を達成するための工夫と実践する勇気が求められる。行事活動は、学習センター、情報センター、読書センターとしての学校図書館の機能を活発にする支援的な活動であるという発想が大切である。学校図書館は、専任の職員が配置されていないので、この機能も十分に発揮していない。司書教諭や学校司書が配置されて、どのような学校図書館の活動を行うことができるかは今後の重要な課題である。

　しかし、現在もそれぞれの条件のもとで多様な行事活動が行われている。読書アワーの設定、朝の10分間読書の推進、読書週間の活用や校内読書週間・読書月間の推進、学校図書館や図書委員会が主催する読書会、親子読書会、読書集会、講演会、文学散歩、百人一首かるた会、レコードコンサート、各種の校内コンクールなどである。

　① 読書会活動

　　読書会には、学級読書会、クラブ読書会、有志読書会など、いろいろな形式があるが、秋の読書週間行事として、西宮市立小学校、中学校が開催している「小学生の親子読書会」「中学生の親子読書会」は、ユニークな読書会である。

　　小学校は1966年から開催して、2001年度で第36回となる。最初は、「小学生と母の読書会」と称して、会場校が1校、参加対象は5年生で、当番校が運営を担当していたが、1979年度からは、西宮市小教研学校図書館部会が、運営・司会を担当することになり、会場も7会場に拡大した。その後、1986年度から読書会の名称を「小学生の親子読書会」と改称、会場も1991年度に12会場、1992年度には13会場と増加して、1会場に4〜5校、40名程度が参加することになり、1994年度からは、学校行事を考慮して、参加する対象学年が4年生になっている。

　　対象となる指定図書は、7月初旬に小教研学校図書館部会で決定する。

1981年以降、小教研学校図書館部会の8月定例研究会は、この指定図書で教員が読書会を行うことが慣例となり、読書会のなかで作品分析・教材研究が進められるのである。また、9月から10月には、各学校で指定図書の読書学習や親子読書会を実施して、「小学生の親子読書会」に備える。

この行事によって、読書会の司会・運営や作品分析・教材研究を体験した学校図書館の担当教員が多くなり、読書教育を推進する中心的な役割を担うようになっている。

② 読書発表会

児童生徒に読書に対する興味と関心を誘発する行事として、読書発表会、読書集会は有意義である。また、その発展として、公共図書館の行事活動に積極的に参加することをすすめたい。

③ コンクール活動

コンクール行事には、読書感想文コンクール、読書感想画コンクール、読書ゆうびんコンクール、手づくり絵本コンテストなど、各種のコンクールがある。これらのコンクールの実施に当たって大切なことは、単なるコンクール活動に終わらせないことである。コンクール活動は教科学習、総合学習、特別活動の教育課程に組み入れて、学級担任、教科担任と司書教諭が協力する授業の一環として推進するようにしたいものである。

第6章　学校図書館の課題

1　司書教諭と学校司書の任務

　学校図書館の専門職員は、学校図書館に常駐し学校図書館メディアと利用者を知っていて、児童生徒及び教員に的確な対応と奉仕ができる、専任の司書教諭と学校司書（学校図書館事務職員）である。学校図書館が学校教育に果たす教育機関と奉仕機関の機能を活用するためには、司書教諭と学校司書が車の両輪のように必要であり、両者の協同によって学校図書館の機能が活性化する。司書教諭と学校司書の二職制を確立するためには、司書教諭と学校司書の任務が異なることを理解することである。

　司書教諭は、教職経験が豊かで、学校図書館を活用する教育課程の編成と授業の組織者、推進者としての力量を有する教員であり、授業のコンサルタントなのである。司書教諭は、小学校では学級担任と、中学校、高等学校では教科担任と協力しながら、教育課程の展開に基づいて授業計画を組織して、探求的、発展的な授業を推進する。このことが学校図書館法の第5条第2項に「教諭をもって充てる」と定めている理由である。この条文は、司書教諭には、「教諭の資格＋司書教諭の資格」を有する教諭をもって充てるということである。司書教諭は少なくとも10年以上の教職を経験した現職の教諭で、学校図書館について専門的な知識を修得して、司書教諭の資格を有する教員である。

　学校司書は、学校図書館が教育課程の展開に活用できるように学校図書館を整備して、適切なメディアの提供や利用者へのレファレンス、支援など、図書館の本質ともいうべき奉仕業務を担当することができる、学校図書館の専門職員（エキスパート）である。

　さらに、二職制を実現していくためには、この両者が職務をどのように分担

し、協同して、その任務を果たしていくかが、具体的に明らかにならなければならない。しかし、司書教諭は、その活動の実態がほとんど見られないし、学校司書は、長年の活動の実態はあるが、これが学校司書の職務であると共通に理解できる内容に乏しく、職名も行政職の事務職員、学校司書、教育職の実習助手、嘱託職員と定着していないのが現状である。全国の一部の地域の小学校、中学校で、「学校司書」といった職名で専任の学校図書館職員を配置しているが、この職名は、自治体が、職員、嘱託職員、臨時職員を任用する条令に採用しているという意味で公的な職名に過ぎず、法制的な職制としては、あいまいな職員となっている。

　学校図書館の機能を活用することを重視している文部科学省、教育委員会は、現行の「学校図書館基準（昭和34年制定）」に定めている、「司書教諭および事務職員を置く」を施行する責務がある。教職員定数法の「学校図書館事務職員」を「学校司書」として法制化するとともに、学校司書を養成する「学校司書課程」を制度化することである。当分の間は、図書館法に基づく「司書講習」「司書課程」を履修した者を充てるが、早急に司書とは異なった学校司書のための履修科目を設定して、「学校司書課程」を制定する必要がある。

　学校司書が教育職でないと児童生徒の指導ができないという主張があるが、それは過去の実践のなかに十分な実績がないことに起因する考え方であり、今後の実践のなかで解決できる課題である。学校図書館を利用する授業で、「ストーリーテリング」「ブックトーク」「読み聞かせ」「聞かせ読み」などの授業に協力すること、「百科・専門事典の利用」「参考図書の利用」などの授業に、ティームティーチャーとして支援することなど、学校図書館の活動で学校司書が指導者の役割を果たすことは当然の職務を遂行することである。

2　司書教諭の職務と授業

　司書教諭の職務の第一は、学校図書館を利用する授業の教育課程を編成し、学級担任、教科担任と協力して、学校図書館メディアを利用する教科学習、総

合学習、道徳、特別活動の授業を推進することである。第二は、学校図書館の経営で、経営計画の策定と推進、職員と組織、資料と経費、施設と設備、評価と改善などがある。第三は、学校図書館の運用で、学校図書館メディアを整備して、教員の授業研究や児童生徒の学習活動に、的確な相談と奉仕をすることである。第四は、学級担任、教科担任と協力する授業である。

この職務のなかで、司書教諭が担当する授業は、第四の学級担任、教科担任と協力する授業で、司書教諭が学級担任、教科担任と協力して、協力教授方式Ｔ．Ｔ（Team Teaching）で担当する授業と司書教諭が直接に担当する授業の二つの学習形態が考えられる。授業内容としては、①学校図書館メディアを利用する教科学習、総合学習、道徳、特別活動の資料案内、ブックトーク、調べ学習などの授業と、教科学習や学級活動・ホームルーム活動のなかで実施する②利用教育の授業、③読書教育の授業がある。

司書教諭はこのような条件を考慮しながら、学級担任、教科担任から「教科学習、総合学習、道徳、特別活動の授業計画」で、学校図書館メディアを利用する学習計画を聞き、教材の準備を支援するとともに、どのように授業に協力するかを相談して、「司書教諭の授業計画」を立案する。なお、司書教諭の担当する授業時間数は、司書教諭の職務である学校図書館の経営や運用に必要な時間数として週当たり $3 \times 5 = 15$ 時間を予定すると、「学校図書館基準」が定めている週当たり $2 \times 5 = 10$ 時間以下が適当な時間数と考えられる。

次の「司書教諭の授業計画」〔資料34〕は、その一例である。この計画では、学級数12学級規模の小学校で、3年から6年までの8学級に、暫定的に週当たり各1時間の「図書館の時間」を設定して、司書教諭が学級担任の授業計画と連携しながら、火曜日から金曜日までの、1日に2時間、週当たり8時間の授業を担当する。

授業の内容は、①「学校図書館メディアを利用する授業」を〈教科学習・教科〉〈特別活動・学級活動〉と表示する。学級担任、教科担任の授業に、司書教諭が協力する授業である。例えば、3年の〈教科学習・理科〉は、「こん虫のつくりとそだち」のブックトークをして、調べ学習に協力する授業であり、

〔資料34〕　　　司書教諭の授業計画（１）

月／週	3　学　年　　（火曜日）	4　学　年　　（木曜日）
4／3	〈利用学習・学級活動〉　　4/16 学校図書館の利用 読書の記録・読み聞かせ	〈利用学習・学級活動〉　　4/18 学校図書館の利用 読書の記録・読み聞かせ
4	〈利用学習・学級活動〉　　4/23 本のならべ方	〈利用学習・社会〉　　4/25 ファイル資料の利用 「くらしとごみ・水」
5／2	〈利用学習・国語〉　　5/7 国語辞典の利用 「国語辞典たんけん」	〈教科学習・社会〉　　5/9 「くらしとごみ・水」 ファイル資料で調べる
3	〈読書学習・学級活動〉　　5/14 （指導計画3時間） 「たからものくらべ」(1)	〈利用学習・国語〉　　5/16 漢字辞典の利用 「漢字辞典の使い方」
4	〈読書学習・学級活動〉　　5/21 「たからものくらべ」(2) 読書レポート	〈読書学習・学級活動〉　　5/23 （指導計画3時間） 「ルドルフとイッパイアッテナ」(1)
5	〈読書学習・学級活動〉　　5/28 「たからものくらべ」(3) 学級読書会	〈読書学習・学級活動〉　　5/30 「ルドルフとイッパイアッテナ」(2) 読書レポート
6／2	〈教科学習・理科〉　　6/4 この本で調べよう・ブックトーク 「こん虫のつくりとそだち」	〈読書学習・学級活動〉　　6/6 「ルドルフとイッパイアッテナ」(3) 学級読書会
3	〈教科学習・国語〉　　6/11 この本で調べよう・ブックトーク 「植物のつくりとそだち」	〈利用学習・学級活動〉　　6/13 公共図書館の利用
4	〈教科学習・国語〉　　6/18 どの本、読もうかな 「本のおびを作ろう」	〈教科学習・国語〉　　6/20 どの本、読もうかな 「作品をしょうかいしよう」
5	〈読書学習・学級活動〉　　6/25 読書感想文を読もう 読書感想文の書き方	〈読書学習・学級活動〉　　6/27 読書感想文を読もう 読書感想文の書き方
7／1	〈読書学習・学級活動〉　　7/2 「読んでごらんおもしろいよ」の 読書案内・読書の時間	〈読書学習・学級活動〉　　7/4 「読んでごらんおもしろいよ」の 読書案内・読書の時間
2	〈特別活動・学級活動〉　　7/9 夏休みに向けて 自由研究の資料案内	〈特別活動・学級活動〉　　7/11 夏休みに向けて 自由研究の資料案内

平成 14 年（2002）年度　第 1 学期

5　学　年　（水曜日）	6　学　年　（金曜日）
〈利用学習・学級活動〉　　4/17 学校図書館の利用 新しい本の案内・読み聞かせ	〈利用学習・学級活動〉　　4/19 学校図書館の利用 話題の本の案内・読書の時間
〈教科学習・社会〉　　4/24 この本で調べよう・ブックトーク 「わたしたちの食生活と食料生産」	〈利用学習・社会〉　　4/26 資料リストの作成と利用 「日本のあゆみ」
〈読書学習・学級活動〉　　5/8 （指導計画4時間） 「もうひとりのぼくも、ぼく」（1）	〈教科学習・社会〉　　5/10 「日本のあゆみ」 図書資料で調べる
〈読書学習・学級活動〉　　5/15 「もうひとりのぼくも、ぼく」（2） 自由読書	〈読書学習・学級活動〉　　5/17 （指導計画4時間） 「ガラスのうさぎ」（1）
〈読書学習・学級活動〉　　5/22 「もうひとりのぼくも、ぼく」（3） 読書レポート	〈読書学習・学級活動〉　　5/24 「ガラスのうさぎ」（2） 自由読書
〈読書学習・学級活動〉　　5/29 「もうひとりのぼくも、ぼく」（4） 学級読書会	〈読書学習・学級活動〉　　5/31 「ガラスのうさぎ」（3） 読書レポート
〈利用学習・社会〉　　6/5 年鑑、統計類の利用 「米作りのさかんな地域」	〈読書学習・学級活動〉　　6/7 「ガラスのうさぎ」（4） 学級読書会
〈利用学習・学級活動〉　　6/12 図書の分類 ＶＴＲ「図書の分類」	〈教科学習・理科〉　　6/14 この本で調べよう・ブックトーク 「ヒトや動物の体」
〈教科学習・国語〉　　6/19 本と出会おう 「おもしろかった本のしょうかい」	〈教科学習・国語〉　　6/21 作家と作品に出会おう 「椋鳩十、金子みすず」
〈読書学習・学級活動〉　　6/26 読書感想文を読もう 読書感想文の書き方	〈読書学習・学級活動〉　　6/28 読書感想文を読もう 読書感想文の書き方
〈読書学習・学級活動〉　　7/3 「読んでごらんおもしろいよ」の 読書案内・読書の時間	〈読書学習・学級活動〉　　7/5 「読んでごらんおもしろいよ」の 読書案内・読書の時間
〈特別活動・学級活動〉　　7/10 夏休みに向けて 自由研究の資料案内	〈特別活動・学級活動〉　　7/12 夏休みに向けて 自由研究の資料案内

4年の〈教科学習・社会〉は、「くらしとごみ」の学習で、ファイル資料を案内して、調べ学習に協力する授業である。3～6年の〈特別活動・学級活動〉は、司書教諭が、夏休みの自由研究に取り組む資料を案内する授業である。

②「利用教育の授業」は、〈利用学習・教科〉〈利用学習・学級活動〉と表示する。司書教諭が主として指導する。4年の＜利用学習・社会＞は、「くらしとごみ」の学習のなかで「ファイル資料の利用」を学習するのであり、5年の〈利用学習・社会〉は、「米作りのさかんな地域」の学習のなかで「年鑑、統計類の利用」を学習する。6年の〈利用学習・社会〉は、「日本のあゆみ」の学習のなかで、「資料リストの作成と利用」を学習する。

3年の〈利用学習・学級活動〉は、学校図書館を利用する基本的な知識である「本のならべ方」を、一単位時間に学習する授業であり、5年の〈利用学習・学級活動〉は、同じように「図書の分類」について学習する。

③「読書教育の授業」は、〈読書学習・教科〉〈読書学習・学級活動〉と表示する。読書学習は、司書教諭、学級担任、教科担任が分担して指導する。

3年の『たからものくらべ』、4年の『ルドルフとイッパイアッテナ』、5年の『もうひとりのぼくも、ぼく』、6年の『ガラスのうさぎ』は、学級活動の時間に司書教諭が担当する読書学習である。学級担任、教科担任は、教科の授業として読書学習を計画的に指導する。

司書教諭の担当する授業は、学校図書館を利用する授業が日常化していないと、その必要性が生じないのである。司書教諭の授業は、教科書もなければ指導書もないので、自らの力量で教育課程を編成しなければならない。教えられた学習体験もない、教えた授業経験もない未知の領域の授業計画を立案するのは至難のことである。

司書教諭は、担当する授業時間の内容を記入する「授業予定表」〔資料35〕の小黒板を学校図書館の司書室に設置して、学級担任、教科担任の授業計画に対処しながら、週当たり10時間程度の授業計画を立案する。

このような授業の記録を蓄積することによって、司書教諭と学級担任、教科担任が協力する授業を開発することができる。

〔資料35〕　　授 業 予 定 表　（　　月　　週）

	月曜日	火曜日	水曜日	木曜日	金曜日
2校時					
3校時					
4校時					
5校時					

3　学校図書館のボランティア

　公立小学校在任中の1987年に、学校図書館の活動にボランティアの協力を得ることを提唱したので、当時の状況と経緯を述べておきたい。
　小学校・中学校の学校図書館担当教員が学校図書館の経営に関わる仕事量は限界にきている。西宮市では、先駆的な学校図書館を経営し、学校図書館を利用する授業を実践するなかで、正規で専任の専門職員の配置を要求しているが実現を見ないのである。私には、「学校図書館は授業を展開する基盤である」「学校図書館の機能を授業に活用すべきである」といった学校図書館に対する強い理念があり、その延長線上に、学校図書館のボランティア制度を取り入れたのである。
　また、学校図書館に人が配置されていないのを、児童図書委員が代行することはできないし、カウンターの奉仕業務は、児童図書委員の本来の活動分野とは違うと考えていた。そこで、学校図書館のボランティアは児童図書委員の活

動を補助するのではなくて、専任の学校図書館専門職員が不在な学校図書館の活動を支援する要員と位置づけた。

　さらに、「地域社会とともに育つ学校経営」を学校経営の方針に掲げ、「開かれた学校」を目指していたので、保護者にボランティアとして参加していただこう、それはまた、ＰＴＡ活動の原点であると考えたのである。ただし、ＰＴＡの組織活動としてではなく、「保護者の一人として学校にどんな協力ができるか」という姿勢で参加してもらうことにした。

　学校としては、①ＰＴＡの組織活動としての参加ではなくて、個人登録で参加してもらう、②学校長－学校図書館主任－ボランティアという関係で仕事を分担していただく、③学校図書館の運用に当たっては、協力してもらう範囲を明確にする、④個人の奉仕時間は、月２回とする、という基本方針を定めて、ＰＴＡの会員から協力者を公募したのである。

　具体的な実施方法は、次のように決定した。

① 　活動日時：月曜日から金曜日まで５日間、11時から16時までとする。
② 　活動方法：１日３～４人程度を１グループとして10グループを編成し、隔週の当番とする。
③ 　活動内容：貸出、返却、書架の整頓、目録の編成とする。

　さらに、活動に入るに先立って、①学校図書館の意義と役割、②資料の分類と目録、③貸出、返却の業務についてオリエンテーションを実施した。児童図書委員との役割分担は、始業前は返却の時間で児童が担当し、その他の開館時間は、貸出と返却の時間でボランティアが担当する。館内閲覧は昼休み、放課後とした。ボランティアのなかには、公共図書館で司書として勤務した経験者もあり、放課後に、「ストーリーテリング」「読み聞かせ」をすることもあった。

　ボランティアを生かす原点は、「働きがいのある状況をどのように設定するか」ということだと考える。このような経験から、学校として大切なことを要約すると、次のようになる。

① 　学校が、学校図書館を日常の教育活動に、どのように活用しているか。

② 学校が、「ＰＴＡ活動は何か」というＰＴＡ活動の原点に立った考え方をしているか。
③ 学校が、ボランティア活動を受け入れる条件を、どのように整備しているか。
④ 学校が、ボランティアに、学校図書館に関する基本的な知識を学習する機会を設定しているか。

ボランティアの安易な導入は、学校図書館の発展を阻害する要因になるので十分に留意しなければならない。ボランティアのカウンター業務は司書教諭、学校司書の補助的活動であり、ボランティアの活動は、あくまでも応援的な活動である。

学校図書館に、正規の専任の専門職員である学校司書の配置を目指す要望を続けることは当然のことである。

4 司書教諭の発令と校内体制の確立

現在の学校教育は司書教諭を必要とする状況ではないので、2003年（平成15年）4月1日に発令される司書教諭の職務の遂行に、今後の学校図書館の命運が懸かっている。学校図書館や司書教諭の仕事を必要とする教育基盤がないことを教師集団が認識していない学校体制のなかでは、司書教諭制度は定着しないばかりか、幻になってしまうのではないかと危惧される。教師集団が学校図書館の機能や司書教諭の職務について研鑽し、司書教諭の必要性を認識する状況を生み出すことが大切である。

学校図書館法では、当分の間は12学級規模以上の学校に司書教諭が発令されるが、専任ではなくて兼任ということである。したがって、11学級規模以下の学校の学校図書館担当教員が、司書教諭に相当する職務に就く場合は同じ条件なのである。2001年度（平成13年度）から5年間にわたって、小学校、中学校、高等学校の教職員定数が増員されるので、小学校では、増員される教員やＴ．Ｔ教員を充てたり、中学校、高等学校では、増員される教員を含めた

担当教科の授業時間数を調整して、司書教諭が職務の遂行に必要とする時間を生み出す対応策を講じることである。

教職経験の豊かな力量のある司書教諭が発令される校内体制を確立することができるか、司書教諭が活動できる条件を教師集団の自助努力で整備し、保障することができるか、今、学校現場の真価が問われている。このような自助努力が達成できてこそ、はじめて司書教諭の専任化が主張できる。

司書教諭の発令権者が誰であるかは、学校図書館の今後を決定する重要な条件である。司書教諭の発令に関しては、1957年（昭和32年）5月2日付けで、文部省が初等中等教育局長名で、山口県教育委員会教育長の照会に対して回答した「司書教諭の発令について」〔資料36〕の通達にある、「司書教諭の発令者は、県立学校教員は県教育委員会、県費負担教員は当該市町村教育委員会である」によって定着していた。

しかし、1993年（平成5年）年10月27日付けで、文部省が初等中等教育局長名で各都道府県教育委員会あてに通知した、「学校図書館の現状に関する調査について」の通知文書によって、この問題は混乱することになった。そこには、「司書教諭は校務分掌の一つとして発令されるものであり、したがってその発令は、服務監督者である教育委員会又は校長が行うものであること」という文言がある。発令権者の問題は、さらに文部省が、1995年（平成7年）9月18日付けの「児童生徒の読書に関する調査研究協力者会議報告」及び1997年（平成9年）6月11日付けの「学校図書館法の一部を改正する法律等の施行について」の各都道府県教育委員会あての通知でも、同じような趣旨の内容で司書教諭の発令を促していることによって後退し続けている。

〔資料36〕　司書教諭の発令について（通達）（抄）

　　　　　　　　　　　　　　　　　委初第165号　昭和32年5月2日
各都道府県教育委員会　殿
　　　　　　　　　　　　文部省初等中等教育局長　内藤誉三郎

（前文省略）
　司書教諭の発令について山口県教育委員会からの照会及びその回答を御参考までに添付します。
　上記の回答については、市町村教育委員会にも御連絡下さい。

　山口県教育委員会教育長　殿
　　　　　　　　　　　　文部省初等中等教育局長　内藤誉三郎

　　　　　　　　司書教諭の発令について（回答）

　4月20日付教指第372号にかかる標記の照会について下記のように回答します。
　　　　　　　　　　　　　記
1　発令について
 (1)　県費負担教職員たる教諭を司書教諭に命ずる場合の発令者は、当該市町村教育委員会である。（ただし特別区の場合は都教育委員会が発令する）
 (2)　この際、当該都道府県教育委員会の同意を要しない。
 (3)　職業指導主事・学校保健主事の場合も同様である。
2　発令様式について
　発令様式は左記様式を適当と考える。

(1) 県立学校教員の場合（例）

通　知　書

氏名	現職　○○高等学校教諭
○○高等学校司書教諭を命ずる 　　昭和　年　月　日 　　　　　　　　　県教育委員会　印	

(2) 県費負担教員の場合（例）

通　知　書

氏名	現職　○○小学校教諭
○○小学校司書教諭を命ずる 　　昭和　年　月　日 　　　　　　　　　○○市教育委員会　印	

　学校図書館法が改正された1997年（平成9年）6月の『第140国会衆議院文教委員会議録』〔資料37〕を読んでも、司書教諭の発令に関する文部科学省当局の答弁は不明瞭なのである。教育行政者は、司書教諭の発令権者は、1957年（昭和32年）5月2日付けの通達文書のとおり当該教育委員会にあることを再確認すべきである。

〔資料37〕　第140回国会衆議院文教委員会議録第17号（抄）
　　　　　　　　　　　　　　　　　　　　　平成9年5月30日
　（7頁　前文省略）

○文教委員　まず、基本的なことをお聞きしたいのですけれども、そもそも司書教諭の発令というのはだれがされるのか。だれがその発令の権限を持っているのかということをお尋ねしたいと思います。
○政府委員　司書教諭を発令いたしますのは、司書教諭講習を修了した教諭の中から校長または教育委員会が発令をするというふうになってございます。
○文教委員　今、ご答弁の中で、校長または教育委員会が発令するということになっているということなのですけれども、これは何か文部省として出されたきちっとした通知というものがあるのですか。
○政府委員　一つの指導の手引のようなものの中に、発令の一つのモデルの例というような形で、校長または教育委員会が発令する書式のようなものを示して通知をした例がございます。
○文教委員　私の認識していたのと違うので、もう一回明確に答弁いただきたいのです。
　これは、昭和32年5月2日に出されている、各都道府県教育委員会あての初等中等教育局長の通達というのがありまして、「司書教諭の発令について」という文書なのです。これは、山口県の教育委員会から照会があったことに対して回答を寄せられていて、それを参考までに送付しますということで各県に打たれているのですけれども、その中の抜粋ですが読みますと、「発令について」は「県費負担教職員たる教諭を司書教諭に命ずる場合の発令者は、当該市町村教育委員会である」こういうふうに明確に言われているのですね。
　先ほどの局長の答弁ですと、教育委員会または校長というように言われているのですけれども、私の調べた限り、そういう文書はなかったわけです。一体いつ変わったのですか、この昭和32年の段階から。
○政府委員　ただいま先生の御指摘の通りの通知は、承知いたしております。ただ、平成4年に私ども学校図書館の現状に関する調査を行いまして、その調査結果を各県の教育委員会を通しまして市町村教委あるいは

> 学校にお知らせする、そういう通知を平成5年10月27日に発しております。そのときに、こういうような通知を発してございます。
> 　「司書教諭」と言って、中間はちょっと省略いたしますが、「校務分掌の一つとして発令されるものであり」云々とありまして、「したがってその発令は、服務監督者である教育委員会又は校長が行うものであること」こういう通知を発してございます。
> 　今、先生から御指摘いただいた通知とこの平成5年の間につきましては、ちょっと詳細を把握しておりませんが、平成5年の時点では、このような通知を発しているということでございます。(以下　略)

　全国SLAの2003年5月の調査によると、2003年(平成15年)4月1日付けで発令された司書教諭は21,760名であり、その発令者は教育委員会が37％、校長が63％である。校長が発令する司書教諭は、単に校務分掌として任命されたのに過ぎないのであり、教育行政者に学校図書館法の主旨を積極的に生かそうとする姿勢が見られないのである。司書教諭の発令者に関しては、今後、十分に注意を払わなければならない。

　学校図書館に正規、専任の有能な司書教諭、学校司書を配置して、学校図書館に新鮮な活力が息吹くとき、日本の学校教育は想像力の豊かな創造性に富んだ新しい教育の時代を迎えることができる。司書教諭、学校司書は大変じみな奉仕的、裏方的な職務であるが、閉塞した学校教育を変革するパイオニアの任務を担っている。学校図書館は、自立する人間の育成を目指す学校教育の内容と方法を変革して、学びを豊かにする拠点である。

　今日の学校教育は、教員一人ひとりに児童生徒が自発的、主体的に学ぶ授業を工夫することを求めている。学校図書館の研究は、学校図書館を利用する授業＝学習過程の研究である。校長、全教員が学校図書館の意義と機能について研修を深め、「学校図書館法」が制定された当時の先達が志した、学校教育の原点に立ち返って、司書教諭、学校司書の働きを必要とする授業を構想したいと思う。

あ と が き

　文部科学省は2002年(平成14年)4月の新しい小学校・中学校の学習指導要領の実施を目前にして、「学びのすすめ」をアピールしたり、学習指導要領の趣旨を説明するシンポジウムを開催するなど、学力の低下を危惧する世論を前に右往左往していた。義務教育で大切な学力は、「読み、書き、計算」の基礎知識である。そのために必要な学習内容は、10年周期で変化したり、改正を要したりする知識ではない。定期的に学習指導要領を改訂する根本的な誤りは、ここに起因する。電算機の導入で、児童生徒の四則算の能力が低下したり、コンピュータの早すぎる導入で思考力を伸ばす機会を逸したりしたのでは、小学校、中学校の教育課程を放棄したことになる。

　学校図書館の場合も同じ現象が起きている。「メディア」は、一般的に、図書などの「出版メディア」、新聞・雑誌などの「活字メディア」、ラジオ・テレビ・ＣＤ・ＶＴＲ・ＤＶＤなどの「電子メディア」といった、情報を伝達する媒体の総称である。

　ＩＴ（Information Technic）革命の時代を背景に、「司書教諭講習規程」の履修科目に「学校図書館メディア」が採用されたが、わが国の学校では、学校図書館の図書資料の整備が不十分であり、小学校、中学校の教育課程で、図書資料（本）を利用する授業は、まだ、その緒についた段階である。

　「学習ソフト」を利用したり、インターネットで必要な資料を検索したりする「調べ学習」では、「学び方を学ぶ」といった、自発的、主体的な学習方法は習得できない。私は「学校図書館メディア」は、常に、「学校図書館の図書・メディア」と読みかえて、学習してほしいと願っている。

　受け身の学校図書館は機能しない。学校図書館は積極的に職員室へ、学年・教科へ働きかけ、多様な図書・メディアを提供する、同時に、学年・教科から

情報を得て、相互に情報を交換しながら、学校図書館と学年・教科との関係を構築して、学校図書館を利用する授業を支援するのである。これが学校図書館を研究する原点である。小著がそのための出発点になれば幸いである。

　第二次世界大戦後の日本の学校図書館の歩みが本書の土台となっている。さらに、その流れのなかでの私の実践・研究活動のまとめともなっているので、よりよい理解を願って、私自身の具体的な研究の歩みを述べておきたい。
　最初に勤務した小学校で、学校長から、「学校図書館は新教育の要なので、この研究は新任の君が適任である」と、校務分掌の学校図書館主任に任命されてから半世紀を超える歳月が経過した。私の学校図書館の研究は、大きく4期に分けることができる。

　第1期（1950〜1958年）は、学校図書館づくりと学校図書館の研修に精進した9年である。
　最初の取り組みは、『学校図書館の手引』（文部省編）を参考にして、学校図書館づくりに努力するとともに、学校図書館の意義と役割を模索した日々である。図書を購入するために、古新聞の回収やいなご取りに走り回りながら、先人を尋ねて学校図書館の基礎的な知識の吸収に精励した。
　1953年（昭和28年）には、「図書館専門職員養成講習（神戸大学）」を受講して、司書および司書教諭の資格を取得した。1955年には、第10回近畿学校図書館研究大会中学校会場校として、「学習と結びつく学校図書館」を主題に授業を公開し、研究発表を行った。
　私は最初の学校図書館論で次のように書いていた。「学校図書館は、まず第一に、個々の児童生徒の学習展開に対するサービス機関であり、その他の図書館の機能的要素は、すべての学習を容易ならしめるための補助的役割をもつにすぎないといえる。学校図書館と公共図書館が、ひとしく図書館であり、機能として類似しながら、本質的に異なるのもここに起因する。」、さらに、「司書教諭は周到な整理と緻密な計画を立て、各教師は授業に創意工夫と綿密な

配慮をめぐらし、学校図書館の意義と本質を理解すべきである。」(月刊教育／1954年)と結んでいる。この命題が私の学校図書館研究の原点であり、学校図書館をライフワークに駆り立てる起点になったのである。

第2期(1959～1970年)は、学校図書館の組織的な研究体制の確立に奔走した12年である。

兵庫県学校図書館協議会(略称、兵庫県ＳＬＡ)は、兵庫県図書館協会(1949年結成)から1959年(昭和34年)に分離独立して発足し、新しく事務局を設置することになった。事務局長のもとに、総務、研究、編集、会計の4部を置き、私は研究部長を担当して、組織と研究の体制づくりに奔走した。

その後、総務部長、事務局長を担当したが、その間に、兵庫県ＳＬＡは研究会としての体制が整備され、今日まで引き継がれている。2002年には、「兵庫県学校図書館研究大会」は第37回に発展し、『兵庫県ＳＬＡ研究シリーズ』は43号を、『兵庫県ＳＬＡ会報』は204号を発行している。

当時、私は西宮市の公立中学校に勤務し、学級担任と学校図書館主任を担当しながら、西宮市学校図書館協議会の幹事長としても、学校図書館の整備と研究の推進に活動した。1961年には、勤務校に閲覧室、整理室、集会室のある、総面積256㎡、蔵書数6,018冊の学校図書館が竣工し、公開発表会を開催した。

1967年から1970年の4年間は、教務主任と司書教諭(兵庫県西宮市教育委員会は、1964年から1975年の間、司書教諭を併任で発令していた)を兼務した。学校教育全体のなかに位置づけた学校図書館経営をはじめとする、司書教諭の職務に専念する機会を体験している。

第3期(1971～1987年)は、学校図書館の研究活動を推進する任務に精励した17年である。

学校図書館の研究を、個人や一校を単位とした点の研究ではなく、研究組織を活用した面の研究として、組織的に推進することに全力を傾注した。1期、2期に学習した研究を基礎にして、集団で共同討議し、学校図書館に関心を寄せる教師集団が共有する研究に発展することを試みた。この時期には、西宮市立小学校教科等研究会学校図書館部会は、最も活動する部会と評価され、多く

の実践者を輩出して現在に引き継がれている。

　その主な活動をあげれば、次のとおりである。

　1968年に制定された「学校運営費標準および設備基準」への参画、1972年に始まり2002年で延べ65回になる研究授業の公開、1973年の学習会の開始から7訂版を重ねている『小学校図書館の学習基本図書2001』、1981年から継続している「学校図書館総括表一覧」の作成、恒例となった夏期研修の「教員の読書会」も22回を数える。西宮市ＳＬＡが1955年に採用した「小学校分類表」「中学校分類表」の10数次の改訂、1966年に創刊した『読んでごらんおもしろいよ』は、37号を発行し、「親子読書会」の開催は、小学校は37回、中学校は39回に発展した。

　これらの研究の成果は、研究会や論文で発表してきたが、理論と実践を総合して発表する機会を逸していた。この小著では、その集大成として、西宮市の学校図書館が研究を継続している多くの事例や資料を採録している。

　さらに、低迷している学校図書館の研究が、遅滞なく継続できることを念頭に、長年の懸案であった研究組織の強化と研修の充実を図った。兵庫県ＳＬＡの会員が、各学校を単位とする学校図書館であったのを、1987年（昭和62年）から、校種別の小学校学校図書館研究会、中学校学校図書館研究会、高等学校学校図書館研究会を会員とする組織に改組し、50支部を8地区に編成した。これらの改正は、市、郡を単位とする小学校、中学校の研修活動、地区を単位とする高等学校の研修活動の活性化を期したのである。

　次いで、第16回研究大会から隔年開催になっていた兵庫県学校図書館研究大会を、第23回大会以降は毎年開催することに改め、8地区の研究会も毎年開催することにした。なお、兵庫県の阪神地区で開催する学校図書館の研究会は、学校図書館を利用する授業を実施することを原則としている。「兵庫県ＳＬＡ研究シリーズ」は、1986年の28号から「研究紀要」と改題して、学校図書館の研究論集にした。

　第4期（1988～2002年）は、大学教員として学校図書館学の講義に情熱を傾注した15年である。

あとがき

　私は学校図書館の理念と課題を後輩に託すために15年間、国立大学、私立大学で、延べ3,172名の学生を対象に「学校図書館学」を講義した。また、この間に、大学・教育機関で、延べ22会場、1,011名の現職教員を対象に「学校図書館司書教諭講習」の講義を担当した。

　講義の最初に、学生には、「小学校、中学校、高等学校12年間の学校図書館体験」、教員には、「学校図書館をどのように利用しているか」をテーマに、レポートを課した。「授業に学校図書館を利用した」と書いていたのはごく少数で、「図書の時間」に本を読んだ、閉館が多かった、自習室として利用したが大多数の体験記である。

　学校の一隅で、教員、児童生徒に存在感のない学校図書館を、授業に必要な学校図書館であると、どのようにして意識改革するかが、学校図書館の研究課題であった。この課題を解明する命題は、次の三点である。

　第一は、学校図書館と公共図書館は機能を異にする図書館で、学校図書館は公共図書館の小型版ではない。学校図書館の意義と機能を理解し、学校図書館は教育課程を展開する基盤として経営する。

　第二は、学校図書館は、授業に必要な機能として学校のなかに設置されている教材センターである。学校図書館メディアは、教員と児童生徒が共有する教材群であることを認識して、学校図書館メディアの質と量を整備する。

　第三は、わが国の教育風土に、学校図書館を利用する授業を普通の授業として普遍化する。そのためには、一人ひとりの教員が学校図書館メディアを利用する授業を実践する意志をもつことである。

　小著の執筆に当たっては、多くの先人、知友の先行する研究を参考にさせていただいた。ここに改めてお礼を申しあげる。

　ここでは、私の忘れがたい本のなかから、今も参考に値すると思われる文献を、その意義とともに簡単に紹介しておきたい。

1　学校図書館の手引　文部省編　師範学校教科書　昭和23
　　第二次世界大戦後、日本の学校教育に夜明けを告げ、新教育の方向を示唆した書である。新しい学校教育を夢みて、全国各地の学校で学校図書館づくりに取り組む多くの青年教師を励まし、日本の学校図書館運動の啓発に果たした功績は計り知れないものがある。

2　改訂学校図書館学概論　図書館教育研究会編　学芸図書　昭和27
　　はしがきの最初に「学校図書館は、学校教育の心臓である」とあり、日本の学校図書館の誕生に応えて、学校図書館学に関するすべての課題を解説している。実学としての学校図書館学を学ぶことができる、評価の高かった書である。

3　学校図書館法の解説　全国学校図書館協議会編　明治図書　昭和28
　　学校図書館法の成立の経緯とその条文を解説した書である。解説篇と資料篇からなり、立法にあたって、何を学校図書館に期待し、何を問題としていたかを知ることができる貴重な記録である。「まあ、よくぞ通りしものと思う」という、先達の思いに共感する。

4　読書指導－原理と方法（改訂増補版）　阪本一郎著　牧書店　昭和28
　　読書指導の全般にわたる概論書で、わが国の読書指導について大きな指針を示した書である。アメリカの新しい読書指導の技術に日本の資料も取り入れ、わが国の実状に合うように構成されていて、読書指導を研究する必読書といわれた。

5　学校の図書館　L．F．ファーゴ著　阪本一郎等訳　牧書店　昭和32
　　アメリカ図書館協会が、スクール・ライブラリアン養成のテキストとして編集した学校図書館学の古典である。草創期の学校図書館指導者たちのよりどころになった書である。原書名は、"The Library in the School"で、1930年が初版、この原典は1947年の改訂版である。

6　学校図書館運営の手びき　文部省編　明治図書　昭和34
　　学校図書館の理想を求めた『学校図書館の手引』に、その後10年の実践と研究を生かした改訂版である。このなかで現行の「学校図書館基準」

を発表している。当時の学校図書館界で、学校図書館ハンドブックの役割を果たした書である。

7　本を読む子・読まない子－家庭読書のすすめ　松尾弥太郎著
　　　　　　　　　　　　　　全国学校図書館協議会　昭和40

テレビの受信者数が急増して、子どものテレビに向かう時間が増えつつある時代に、読書が考える力をつけさせることや思索する生活に大切なことを説いている。全国学校図書館協議会初代事務局長が、子どもの家庭生活に読書を位置づけることを強調した啓蒙の書である。

8　小学校における学校図書館の利用指導　文部省編　大日本図書　昭和45

昭和43年の学習指導要領の改訂で、特別活動の学級指導の学習内容とした「学校図書館の利用指導」について解説している。指導内容を、15の主題構成から、資料の検索、資料の処理、利用の基礎知識の3領域の構成に組み替えている。

9　自学能力を高める学校図書館の利用指導　全国学校図書館協議会利用指導
　　　　　　　　　　委員会編　全国学校図書館協議会　1982

全国学校図書館協議会が1971年に刊行して、79年に改訂した『学校図書館の利用指導の計画と方法』の新版である。利用指導の意義、領域と内容、計画、展開、教材・教具等が述べられ、改訂した「学校図書館の利用指導体系表」がある。

10　学校図書館論　補訂版　塩見昇編　教育史料出版会　1999

学校図書館の現状を熟知する編者が、教授者の教材の選択に参考となり学習者の学習の展開に示唆を与える資料を集めて、その意義、位置づけを解説する。学校図書館学を自主的に学習する人びとに役立つ、最適の資料集成である。

11　レポートの組み立て方　木下是雄著　筑摩書房　1990

人文・社会科学系の研究レポートに的をしぼって、主題を決め、材料を集め、レポートを構成し、文章は読み手の立場から書くなど、レポートの作成技術を懇切に解説した手引き書である。著書に『理科系の作文技

術』もある。

12 　本を読む本（講談社学術文庫）　Ｍ．Ｊ．アドラー／Ｃ．Ｖ．ドーレン著
　　　　　　　　　　　　外山滋比古／槙　未知子訳　講談社　1997
　　　わが国の読書論では類をみない読書技術論である。「読む」ことによって知識を得、理解を深め、すぐれた読書家になりたい人のために書かれている。初級読書、点検読書、分析読書から、耳慣れないシントピカル読書に到達するまでの読書技術の訓練法を段階的に指導する。
　　　原書名は、"How to Read a Book" で、1940年に刊行された。本邦の初版は、1978年に日本ブリタニカＫＫから出版されている。

13 　読書術（岩波現代文庫）　加藤周一著　岩波書店　2000
　　　急がば回れの精読術。数をこなそうの速読術。読まずにすます読書術。外国語の本を読むための解読術。真実を見抜く看破術。むずかしい本を読む読破術。読書の愉しみを知りつくした著者が、斬新な読書の極意を明快に指南してくれる体験的読書論である。初版は、1962年に光文社の「カッパ・ブックス」として発行されてベストセラーになった。

14 　読み聞かせ　この素晴らしい世界　ジム・トレリース著
　　　　　　　　　　　　　　　　亀井よし子訳　高文研　1987
　　　子どもたちのテレビづけにどう打ち勝つか。教育の危機が叫ばれたアメリカで、1982年に出版されて旋風を巻き起こした、ベストセラー『読み聞かせハンドブック』（"The Read-Aloud Handbook"）が原典である。この書が全国に広がる「朝の10分間読書」運動のきっかけを作ったといわれている。

　巻末には、学校図書館57年の軌跡が俯瞰できるように、「学校図書館年表」を付している。学校図書館の研究に活用してほしい。

　教職53年の間、多くの恩師、先輩、知友に恵まれて、学校図書館の研究に専心できたことに心から感謝を申しあげて筆を擱く。

資料 I

学校図書館法

昭和 28 年 8 月 8 日法律第 185 号制定
平成 13 年 3 月 30 日法律第 9 号最終改正

（この法律の目的）

第1条　この法律は、学校図書館が、学校教育において欠くことのできない基礎的な設備であることにかんがみ、その健全な発達を図り、もって学校教育を充実することを目的とする。

（定義）

第2条　この法律において「学校図書館」とは、小学校（盲学校、聾学校及び養護学校の小学部を含む）、中学校（中等教育学校の前期課程並びに盲学校、聾学校及び養護学校の中等部を含む）及び高等学校（中等教育学校の後期課程並びに盲学校、聾学校及び養護学校の高等部を含む）（以下「学校」という）において、図書、視覚聴覚教育の資料その他学校教育に必要な資料（以下「図書館資料」という）を収集し、整理し、及び保存し、これを児童又は生徒及び教員の利用に供することによって、学校の教育課程の展開に寄与するとともに、児童又は生徒の健全な教養を育成することを目的として設けられる学校の設備をいう。

（設置義務）

第3条　学校には、学校図書館を設けなければならない。

（学校図書館の運営）

第4条　学校は、おおむね左の各号に掲げるような方法によって、学校図書館を児童又は生徒及び教員の利用に供するものとする。

(1) 図書館資料を収集し児童又は生徒及び教員の利用に供すること。
(2) 図書館資料の分類排列を適切にし及びその目録を整備すること。
(3) 読書会、研究会、鑑賞会、映写会、資料展示会等を行うこと。
(4) 図書館資料の利用その他学校図書館の利用に関し、児童又は生徒に対し指導を行うこと。
(5) 他の学校の学校図書館、図書館、博物館、公民館等と緊密に連絡し及び協力すること。

2　学校図書館は、その目的を達成するのに支障のない限度において、一般

公衆に利用させることができる。
　（司書教諭）
第5条　学校には、学校図書館の専門的職務を掌らせるため、司書教諭を置かなければならない。
　2　前項の司書教諭は、教諭をもって充てる。この場合において当該教諭は、司書教諭の講習を修了した者でなければならない。
　3　前項に規定する司書教諭の講習は、大学その他の教育機関が文部科学大臣の委嘱を受けて行う。
　4　前項に規定するものを除く外、司書教諭の講習に関し、履修すべき科目及び単位その他必要な事項は、文部科学省令で定める。
　（設置者の任務）
第6条　学校の設置者は、この法律の目的が十分に達成されるようその設置する学校の学校図書館を整備し、及び充実を図ることに努めなければならない。
　（国の任務）
第7条　国は、学校図書館を整備し、及びその充実を図るため、左の各号に掲げる事項の実施に務めなければならない。
　1　学校図書館の整備及び充実並びに司書教諭の養成に関する総合計画を樹立すること。
　2　学校図書館（国立学校の学校図書館を除く）の設置及び運営に関し専門的、技術的な指導及び勧告を与えること。
　3　前各号に掲げるものの外、学校図書館の整備及び充実のため必要と認められる措置を講ずること。
　　附　　則（抄）
　（施行期日）
1　この法律は、昭和29年4月1日から施行する。
　（司書教諭の設置の特例）
2　学校には、平成15年3月31日までの間（政令で定める規模以下の学校にあっては当分の間）、第5条第1項の規定にかかわらず、司書教諭を置かないことができる。
　　附　　則（抄）
　（施行期日）
第1条　この法律は、公布の日から施行する。

資料 II

学校図書館基準

昭和 34 年文部省制定

A　原則
1　学校図書館は学校教育に欠くことのできない機関である。その目的は学校教育の基本的目的と一致する。
2　学校図書館を構成する基本的要素は次の三つである。
(1)図書館職員、(2)図書館資料、(3)図書館施設
3　学校図書館の設置および育成は、基本的には国および教育委員会の責任である。

B　機能
1　学校図書館は奉仕機関である。
　児童・生徒および教師の必要に応じて資料を提供し、教育課程の展開に寄与し、教養・趣味の助成にも役だたせなければならない。
2　学校図書館はまた指導機関である。
　問題解決のために図書館を有効に利用する方法を会得させ、読書指導によって読書の習慣づけ・生活化を教え、図書館利用を通して社会的、民主的生活態度を経験させる。

C　学校図書館職員
1　学校図書館に司書教諭および事務職員を置く。
　(1)　司書教諭は児童・生徒数 450 人未満の学校では兼任を 1 人、450 人以上の場合には専任を 1 人置く。
　(2)　事務職員は児童・生徒数 900 人未満の学校では専任を 1 人、1800 人未満の場合は 2 人、それ以上の場合は 3 人を置く。事務職員は専門の知識技術を修得しなければならない。
2　兼任司書教諭の担当授業時間数は、週 10 時間以下とする。

D　学校図書館資料
　1　資料の種類
　　　学校図書館には、図書のほか、雑誌・新聞・パンフレット・リーフレット・切抜き・地図・絵図・絵はがき・写真・紙しばい・フィルム・スライド・レコードなどの視聴覚資料や児童・生徒の作品などを含む。
　2　選択
　　(1)　信頼できる目録を参考にする。
　　(2)　一定の選択基準を設けて選択する。
　　(3)　一定の除籍基準を設けて、除籍し、更新する。
　3　資料構成
　　(1)　児童・生徒および教師の各種の必要に応じられるように資料を集め、片寄りのない調和のある資料構成とする。
　　(2)　基本図書としては、必備の辞書、百科事典、年鑑、統計、人名・地名などの事典、地図、図鑑などを含めて、
　　　　小学校では、　　　　500種
　　　　中学校では、　　　　700種
　　　　高等学校では、　　　1000種
　　　　程度の図書が必要である。
　　(3)　図書の総冊数は、一般には、児童・生徒1人当り5冊以上を必要とする。ただし、学校の種別と在籍数とに応じた図書冊数の基準は、別表1「学校図書館の図書・設備に関する基準」によるものとする。
　　(4)　1年間の受入冊数は1人当り0.5冊以上とする。
　　(5)　必要に応じて複本を用意する。
　　(6)　蔵書の配分比率は次の表を参考として、学校の課程、地域の実情などを考慮して設定する。（表省略）
　　(7)　雑誌は、児童・生徒数901人以上の学校では小学校約15種、中学校約20種、高等学校約30種が必要である。900人以下の学校では、小学校約10種、中学校約15種、高等学校約20種が必要である。

(8) 視聴覚資料の設備については、別表Ⅱ「視聴覚資料の設備に関する基準」によるものとする。
E　学校図書館資料の整理
1　すべての図書館資料は児童・生徒および教師がこれを有効に利用できるように組織化する。
2　図書の分類は、日本十進分類法（NDC）による。目録カードの記入は、日本目録規則（NCR）による。ただしその適用については、学校の種別・規模などに応じて考慮する。
3　事務用として配架目録を整備する。
4　閲覧用としては件名・書名・著者目録などを整備する。なお、作成にあたっては、件名目録をさきに作るのがよい。
5　件名標目は、学校図書館向きの件名標目表による。
F　建物・設備
　1　建物
　(1) 学校図書館は専用施設とし、教育活動に便利な場所がよい。
　(2) 閲覧室の収容定員は、在籍児童・生徒の1割とする。面積は収容定員1人当り2.18平方メートルは必要である。最低1学級分の児童・生徒を入れられる広さがいる。
　(3) 閲覧室のほかに、事務室・研究室を置く。余裕があれば別に視聴覚室を置く。換気・通風・採光・照明・色彩・色調・防音などに留意する。
　2　設備
　(1) 書架・閲覧机・いすのほかに受付台・事務机・作業机・雑誌架・新聞架・展示書架・材料戸だな・陳列ケース・カードケース・ファイリングキャビネット・製本用具・視聴覚資料整理ケースなどを置く。
　(2) 掲示板・黒板・流し・熱源・手洗などを設備する。
　(3) 適当な装飾、その他。
　(4) 学校の種別と在籍数に応じた設備の基準は、別表Ⅰ「学校図書館の図書・設備に関する基準」によるものとする。

G 経費
1 経費は公費で支弁されなければならない。
2 財源のいかんにかかわらず、別途会計とする。
3 経常経費は児童・生徒1人当り年額、
小学校では250円以上、
中学校では350円以上、
高等学校では450円以上とする。
ただし人件費・特別施設費・視聴覚資料費はこれに含まれない。
4 経常経費は次の割合で配分する。図書費55%、新聞雑誌費15%、製本費18%、備品費5%、消耗費5%、雑費2%——計100%

H 運営
1 学校図書館の運営には、特に次の諸点に留意する。
 (1) 学校図書館が学習活動の中心的機関となり、またレクリエーションの場となるように努める。
 (2) 計画性・一貫性をもって運営する。
 (3) 学校種別、規模、地域の特性などに即して運営する。
2 必要な委員会を設けて、学校図書館運営の円滑を期する。
3 児童・生徒の委員を選出して、積極的に運営・奉仕に参加させる。
4 閲覧の方式は開架式にする。
5 館外貸出は積極的に行う。
6 学級文庫・教室・研究室などの図書および、その他の資料は、学校図書館運営の一環として管理する。
7 各種の広報・集会活動を通じて宣伝啓発に努める。
8 学校経営に支障のないかぎり、学校図書館を地域の人々に公開する。
9 他の学校図書館・公共図書館・公民館・博物館・各種文化施設などと密接に連絡を保つ。
10 各種の評価を行い、具体的改善を図る。

I 図書館の利用指導

1　図書および図書館の利用を高めるために、次のような事項について指導する。
　⑴　学校図書館の概要
　⑵　図書・図書館の歴史と現状
　⑶　図書館道徳と読書衛生
　⑷　図書の構成と取扱方
　⑸　図書の選択
　⑹　分類と配列
　⑺　図書の目録
　⑻　辞書・事典・索引類の利用
　⑼　年鑑・統計類の利用
　⑽　雑誌・新聞類の利用
　⑾　インフォメーション
　⑿　視聴覚資料の取扱いと利用
　⒀　読書法
　⒁　参考書目の作り方とノートのとり方
　⒂　校外の読書施設・文化施設
2　これらの指導は、小・中・高等学校ごとに、教科および教科以外の諸指導を通して、計画的、組織的に行うことが必要である。
3　その指導は司書教諭が中心となり、各教師が協力して行う。

　学校図書館基準別表Ⅰ「学校図書館の図書・設備に関する基準」（略）
　学校図書館基準別表Ⅱ「視聴覚資料の設備に関する基準」　　（略）

資料Ⅲ

学校図書館司書教諭講習規程

昭和29年8月6日文部省令第21号
最終改正平成10年3月18日文部省令第1号

（この省令の趣旨）
第1条　学校図書館法第5条に規定する司書教諭の講習(以下「講習」という)については、この省令の定めるところによる。

（受講資格）
第2条　講習を受けることができる者は、教育職員免許法（昭和24年法律第147号）に定める小学校、中学校、高等学校、盲学校、聾学校又は養護学校の教諭の普通免許状を有する者又は大学に二年以上在学する学生で62単位以上を修得した者とする。

（履修すべき科目及び単位）
第3条　司書教諭の資格を得ようとする者は、講習において、次の表の上欄に掲げる科目について、それぞれ、同表の下欄に掲げる数の単位を修得しなければならない。

科　　目	単位数
学校経営と学校図書館	2
学校図書館メディアの構成	2
学習指導と学校図書館	2
読書と豊かな人間性	2
情報メディアの活用	2

（以下省略）
附　則
この省令は、公布の日から施行する。

資料Ⅳ　　　学校図書館図書標準

平成5年3月29日文部省設定

ア　小学校

学級数	蔵書冊数
1	2,400
2	3,000
3～6	3,000＋520×(学級数－2)
7～12	5,080＋480×(学級数－6)
13～18	7,960＋400×(学級数－12)
19～30	10,360＋200×(学級数－18)
31～	12,760＋120×(学級数－30)

イ　中学校

学級数	蔵書冊数
1～2	4,800
3～6	4,800＋640×(学校数－2)
7～12	7,360＋560×(学級数－6)
13～18	10,720＋480×(学級数－12)
19～30	13,600＋320×(学級数－18)
31～	17,440＋160×(学級数－30)

ウ　盲学校（小学部）

学級数	蔵書冊数
1	2,400
2	2,600
3～6	2,600＋173×(学級数－2)
7～12	3,292＋160×(学級数－6)
13～18	4,252＋133×(学級数－12)
19～30	5,050＋67×(学級数－18)
31～	5,854＋40×(学級数－30)

エ　盲学校（中学部）

学級数	蔵書冊数
1～2	4,800
3～6	4,800＋213×(学級数－2)
7～12	5,652＋187×(学級数－6)
13～18	6,774＋160×(学級数－12)
19～30	7,734＋107×(学級数－18)
31～	9,018＋53×(学級数－30)

オ　聾学校（小学部）

学級数	蔵書冊数
1	2,400
2	2,520
3～6	2,520＋104×(学級数－2)
7～12	2,936＋96×(学級数－6)
13～18	3,512＋80×(学級数－12)
19～30	3,992＋40×(学級数－18)
31～	4,472＋24×(学級数－30)

カ　聾学校（中学部）

学級数	蔵書冊数
1～2	4,800
3～6	4,800＋128×(学級数－2)
7～12	5,312＋112×(学級数－6)
13～18	5,984＋96×(学級数－12)
19～30	6,560＋64×(学級数－18)
31～	7,328＋32×(学級数－30)

キ　養護学校（小学部）

学級数	蔵書冊数
1	2,400
2	2,520
3～6	2,520＋104×(学級数－2)
7～12	2,936＋96×(学級数－6)
13～18	3,512＋80×(学級数－12)
19～30	3,992＋40×(学級数－18)
31～	4,472＋24×(学級数－30)

ク　養護学校（中学部）

学級数	蔵書冊数
1～2	4,800
3～6	4,800＋128×(学級数－2)
7～12	5,312＋112×(学級数－6)
13～18	5,984＋96×(学級数－12)
19～30	6,560＋64×(学級数－18)
31～	7,328＋32×(学級数－30)

資料Ⅴ　　学校図書館メディア基準

2000年3月21日制定
全国学校図書館協議会

Ⅰ　基本原則

　学校図書館メディアは、学校の教育課程の展開に寄与し、児童生徒の健全な教養を育成することを目的とし、図書・視聴覚資料・コンピュータ・ソフト等の各種のメディアをもって構成する。
　本基準は、学校図書館メディアにおける最低の基準を定めたものである。

Ⅱ　図　書

　1．蔵書の最低基準冊数
　校種別、学校規模別の蔵書最低基準冊数は、次の表のとおりとする。

小学校　　　　　　　　　　　　　　　　　　　　　　　　　P＝児童数

学級数	単〜6	7〜12	13〜18	19〜24	25〜30	31以上
冊数	15000＋2×P	15000＋700×A＋2×P　A＝6をこえた学級数	19200＋600×B＋2×P　B＝12をこえた学級数	22800＋500×C＋2×P　C＝18をこえた学級数	25800＋400×D＋2×P　D＝24をこえた学級数	28200＋300×E＋2×P　E＝30をこえた学級数

中学校　　　　　　　　　　　　　　　　　　　　　　　　　P＝生徒数

学級数	単〜3	4〜6	7〜9	10〜12	13〜15	16〜18	19〜21	22以上
冊数	20000＋3×P	20000＋800×A＋3×P　A＝3をこえた学級数	22400＋700×B＋3×P　B＝6をこえた学級数	24500＋600×C＋3×P　C＝9をこえた学級数	26300＋500×D＋3×P　D＝12をこえた学級数	27800＋400×E＋3×P　E＝15をこえた学級数	29000＋300×F＋3×P　F＝18をこえた学級数	29900＋200×G＋3×P　G＝21をこえた学級数

高等学校　　　　　　　　　　　　　　　　　　　　　　　　P＝生徒数

学級数	単〜3	4〜6	7〜9	10〜12	13〜15	16〜18	19〜21	22〜24	25〜27	28以上
冊数	25000＋5×P	25000＋1000×A＋5×P　A＝3をこえた学級数	28000＋900×B＋5×P　B＝6をこえた学級数	30700＋800×C＋5×P　C＝9をこえた学級数	33100＋700×D＋5×P　D＝12をこえた学級数	35200＋600×E＋5×P　E＝15をこえた学級数	37000＋500×F＋5×P　F＝18をこえた学級数	38500＋400×G＋5×P　G＝21をこえた学級数	39700＋300×H＋5×P　H＝24をこえた学級数	40600＋200×I＋5×P　I＝27をこえた学級数

中等教育学校　　　　　　　　　　　　　　　　　　　　　　P＝生徒数

学級数	単〜6	7〜9	10〜12	13〜15	16〜18	19〜21	22〜24	25〜27	28以上
冊数	40000＋5×P	40000＋1000×A＋5×P　A＝6をこえた学級数	43000＋900×B＋5×P　B＝9をこえた学級数	45700＋800×C＋5×P　C＝12をこえた学級数	48100＋700×D＋5×P　D＝15をこえた学級数	50200＋600×E＋5×P　E＝18をこえた学級数	52000＋500×F＋5×P　F＝21をこえた学級数	53500＋400×G＋5×P　G＝24をこえた学級数	54700＋300×H＋5×P　H＝27をこえた学級数

2．蔵書の配分比率
　(1)　標準配分比率
　　　　蔵書の配分比率は、冊数比とし、次の数値を標準とする。ただし、学校の教育課程、地域の実情を考慮して運用する。

分類 校種	0 総記	1 哲学	2 歴史	3 社会科学	4 自然科学	5 技術	6 産業	7 芸術	8 言語	9 文学	合計
小　学　校	6	2	18	9	15	6	5	9	4	26	100
中　学　校	6	3	17	10	15	6	5	8	5	25	100
高　等　学　校	6	9	15	11	16	6	5	7	6	19	100
中等教育学校	6	9	15	11	16	6	5	7	6	19	100

　　　　　　　　　　　　　　　　　　　　　　分類は、日本十進分類法類目表による。

　(2)　配分比率の運用
　　　　配分比率の運用には、次の事項を考慮する。
　　　　・絵本、まんがは、主題をもとに、分類する。
　　　　・専門教育を主とする学科又はコースを有する高等学校・中等教育学校においては、その専門領域の図書の配分比率について考慮をする。

3．年間購入冊数と購入費
　(1)　年間購入冊数
　　　　年間に購入する図書の最低冊数は、次の式によって得られる数値とする。
　　　　　　蔵書数×0.1＋1冊×児童生徒数＝年間購入冊数
　(2)　年間購入費の算出
　　　　　　年間購入冊数×平均単価＝年間購入費
　　　　平均単価は、全国学校図書館協議会が毎年発表する「学校図書館用図書平均単価」を適用する。

Ⅲ　新聞・雑誌
　　校種別、学校規模別の最低基準タイトル数は、次の表のとおりとする。

　　小学校

学級数	単～12	13～24	25以上
新　聞	3	4	5
雑　誌	15	18	20

中学校

学級数	単～12	13～24	25以上
新　聞	4	5	6
雑　誌	25	28	30

高等学校

学級数	単～12	13～24	25以上
新　聞	8	9	10
雑　誌	33	37	40

中等教育学校

学級数	単～12	13～24	25以上
新　聞	10	12	14
雑　誌	40	45	50

IV　オーディオ・ソフト（カセットテープ、CD、MD等の録音資料）

校種別、学校規模別の最低基準本数は、次の表のとおりとする。

小学校

学級数	単～6	7～12	13～18	19～24	25～30	31以上
本数	400	400+14×A A=6をこえた学級数	484+12×B B=12をこえた学級数	556+10×C C=18をこえた学級数	616+8×D D=24をこえた学級数	664+6×E E=30をこえた学級数

中学校

学級数	単～3	4～6	7～9	10～12	13～15	16～18	19～21	22以上
本数	500	500+26×A A=3をこえた学級数	578+24×B B=6をこえた学級数	650+22×C C=9をこえた学級数	716+20×D D=12をこえた学級数	776+18×E E=15をこえた学級数	830+16×F F=18をこえた学級数	878+14×G G=21をこえた学級数

高等学校

学級数	単～3	4～6	7～9	10～12	13～15	16～18	19～21	22～24	25～27	28以上
本数	600	600+28×A A=3をこえた学級数	684+26×B B=6をこえた学級数	762+24×C C=9をこえた学級数	834+22×D D=12をこえた学級数	900+20×E E=15をこえた学級数	960+18×F F=18をこえた学級数	1014+16×G G=20をこえた学級数	1062+14×H H=24をこえた学級数	1104+12×I I=27をこえた学級数

中等教育学校

学級数	単～6	7～9	10～12	13～15	16～18	19～21	22～24	25～27	28以上
本数	900	900+46×A A=6をこえた学級数	1038+44×B B=9をこえた学級数	1170+42×C C=12をこえた学級数	1296+40×D D=15をこえた学級数	1416+38×E E=18をこえた学級数	1530+36×F F=21をこえた学級数	1638+34×G G=24をこえた学級数	1740+32×H H=27をこえた学級数

V ビデオ・ソフト（LD、DVD等の映像資料）

校種別、学校規模別の最低基準本数は、次のとおりとする。

小学校

学級数	単〜6	7〜12	13〜18	19〜24	25〜30	31以上
本数	300	300+14×A A=6をこえた学級数	384+12×B B=12をこえた学級数	456+10×C C=18をこえた学級数	516+8×D D=24をこえた学級数	564+6×E E=30をこえた学級数

中学校

学級数	単〜3	4〜6	7〜9	10〜12	13〜15	16〜18	19〜21	22以上
本数	400	400+26×A A=3をこえた学級数	478+24×B B=6をこえた学級数	550+22×C C=9をこえた学級数	616+20×D D=12をこえた学級数	676+18×E E=15をこえた学級数	730+16×F F=18をこえた学級数	778+14×G G=21をこえた学級数

高等学校

学級数	単〜3	4〜6	7〜9	10〜12	13〜15	16〜18	19〜21	22〜24	25〜27	28以上
本数	500	500+28×A A=3をこえた学級数	584+26×B B=6をこえた学級数	662+24×C C=9をこえた学級数	734+22×D D=12をこえた学級数	800+20×E E=15をこえた学級数	860+18×F F=18をこえた学級数	914+16×G G=21をこえた学級数	962+14×H H=24をこえた学級数	1004+12×I I=27をこえた学級数

中等教育学校

学級数	単〜6	7〜9	10〜12	13〜15	16〜18	19〜21	22〜24	25〜27	28以上
本数	800	800+46×A A=6をこえた学級数	938+44×B B=9をこえた学級数	1070+42×C C=12をこえた学級数	1196+40×D D=15をこえた学級数	1316+38×E E=18をこえた学級数	1430+36×F F=21をこえた学級数	1538+34×G G=24をこえた学級数	1640+32×H H=27をこえた学級数

VI コンピュータ・ソフト（CD-ROM、DVD-ROM等のコンピュータ資料）

校種別、学校規模別の最低基準本数は、次の表のとおりとする。ただし、OS、図書館管理用、ワープロ等のソフトを除くこと。

小学校

学級数	単〜6	7〜12	13〜18	19〜24	25〜30	31以上
本数	200	200+12×A A=6をこえた学級数	272+10×B B=12をこえた学級数	332+8×C C=18をこえた学級数	380+6×D D=24をこえた学級数	416+4×E E=30をこえた学級数

中学校

学級数	単~3	4~6	7~9	10~12	13~15	16~18	19~21	22以上
本数	300	300+20×A A=3をこえた学級数	360+18×B B=6をこえた学級数	414+16×C C=9をこえた学級数	462+14×D D=12をこえた学級数	504+12×E E=15をこえた学級数	540+10×F F=18をこえた学級数	570+8×G G=21をこえた学級数

高等学校

学級数	単~3	4~6	7~9	10~12	13~15	16~18	19~21	22~24	25~27	28以上
本数	400	400+26×A A=3をこえた学級数	478+24×B B=6をこえた学級数	550+22×C C=9をこえた学級数	616+20×D D=12をこえた学級数	676+18×E E=15をこえた学級数	730+16×F F=18をこえた学級数	778+14×G G=21をこえた学級数	820+12×H H=24をこえた学級数	856+10×I I=27をこえた学級数

中等教育学校

学級数	単~6	7~9	10~12	13~15	16~18	19~21	22~24	25~27	28以上
本数	700	700+22×A A=6をこえた学級数	766+20×B B=9をこえた学級数	826+18×C C=12をこえた学級数	880+16×D D=15をこえた学級数	928+14×E E=18をこえた学級数	970+12×F F=21をこえた学級数	1006+10×G G=24をこえた学級数	1036+8×H H=27をこえた学級数

Ⅶ 運用に関する事項

1. 蔵書冊数が基準に達していない場合には、10年間を目途に整備を図るものとする。
2. 特殊教育諸学校においては、それぞれの校種別基準を準用するものとする。また、障害に応じて特に必要とする領域のメディアについては、考慮をする。特殊学級を設置する学校においても同様とする。
3. 専門教育を主とする学科またはコースを有する高等学校・中等教育学校は、その専門領域に必要とするメディアの冊数またはタイトル数を最低基準冊数または最低基準タイトル数に加えるものとする。
4. 中学校、高等学校を併設し、学校図書館を共用する学校においては、中等教育学校の基準を準用するものとする。
5. 蔵書の構成にあたっては、配分比率とともに、各学年ごとの発達段階を考慮するものとする。特に小学校にあっては、1、2学年向けの図書を蔵書の1/3を確保することが望ましい。
6. 図書、オーディオ・ソフト、ビデオ・ソフトは10年間、コンピュータ・ソフトは3年間を目途に更新を図るものとする。
7. 学校図書館の機能を十分に発揮するためには、中核となる地域の学校図書館支援センターの創設、地域の学校図書館・公共図書館や資料館等を相互に結ぶネットワークの組織化を行い、メディアの共有、相互利用を積極的に進める必要がある。

資料Ⅵ

ユネスコ学校図書館宣言
――すべての者の教育と学習のための学校図書館――

1999年11月第30回ユネスコ総会において批准

　学校図書館は、今日の情報や知識を基盤とする社会に相応しく生きていくために基本的な情報とアイデアを提供する。学校図書館は、児童生徒が責任ある市民として生活できるように、生涯学習の技能を育成し、また、想像力を培う。

学校図書館の使命

　学校図書館は、情報がどのような形態あるいは媒体であろうと、学校構成員全員が情報を批判的にとらえ、効果的に利用できるように、学習のためのサービス、図書、情報資源を提供する。学校図書館は、ユネスコ公共図書館宣言と同様の趣旨に沿い、より広範な図書館・情報ネットワークと連携する。
　図書館職員は、小説からドキュメンタリーまで、印刷資料から電子資料まで、あるいはその場でも遠くからでも、幅広い範囲の図書やその他の情報源を利用することを支援する。資料は、教科書や教材、教育方法を補完し、より充実させる。
　図書館職員と教師が協力する場合に、児童生徒の識字、読書、学習、問題解決、情報およびコミュニケーション技術の各技能レベルが向上することが実証されている。
　学校図書館サービスは、年齢、人種、性別、宗教、国籍、言語、職業あるいは社会的身分にかかわらず、学校構成員全員に平等に提供されなければならない。通常の図書館サービスや資料の利用ができない人々に対しては特別のサービスや資料が用意されなければならない。

学校図書館のサービスや蔵書の利用は、国際連合世界人権・自由宣言に基づくものであり、いかなる種類の思想的、政治的、あるいは宗教的な検閲にも、また商業的な圧力にも屈してはならない。

財政、法令、ネットワーク

学校図書館は、識字、教育、情報提供、経済、社会そして文化の発展についてのあらゆる長期政策にとって基本的なものである。地方、地域、国の行政機関の責任として、学校図書館は特定の法令あるいは施策によって維持されなければならない。学校図書館には、訓練された職員、資料、各種技術および設備のための経費が十分かつ継続的に調達されなければならない。それは無料でなければならない。

学校図書館は、地方、地域および全国的な図書館・情報ネットワークを構成する重要な一員である。

学校図書館が、例えば公共図書館のような他館種図書館と設備や資料等を共有する場合には、学校図書館独自の目的が認められ、主張されなければならない。

学校図書館の目標

学校図書館は、教育の過程にとって不可欠なものである。

以下に述べることは、識字、情報リテラシー、指導、学習および文化の発展にとって基本的なことであり、学校図書館サービスの核となるものである。

- 学校の使命およびカリキュラムとして示された教育目標を支援し、かつ増進する。
- 子ども達に読書の習慣と楽しみ、学習の習慣と楽しみ、そして生涯を通じての図書館利用を促進させ、継続させるようにする。
- 知識、理解、想像、楽しみを得るために情報を利用し、かつ創造する体

験の機会を提供する。
● 情報の形式、形態、媒体が、地域社会に適合したコミュニケーションの方法を含めどのようなものであっても、すべての児童生徒が情報の活用と評価の技能を学び、練習することを支援する。
● 地方、地域、全国、全世界からの情報入手と、さまざまなアイデア、経験、見解に接して学習する機会を提供する。
● 文化的、社会的な関心を喚起し、それらの感性を錬磨する活動を計画する。
● 学校の使命を達成するために、児童生徒、教師、管理者、および両親と協力する。
● 知的自由の理念を謳い、情報を入手できることが、民主主義を具現し、責任ある有能な市民となるためには不可欠である。
● 学校内全体および学校外においても、読書を奨励し、学校図書館の資源やサービスを増強する。

以上の機能を果たすために、学校図書館は方針とサービスを樹立し、資料を選択・収集し、適切な情報源を利用するための設備と技術を整備し、教育的環境を整え、訓練された職員を配置する。

職　員

　学校図書館員は、可能なかぎり十分な職員配置に支えられ、学校構成員全員と協力し、公共図書館その他と連携して、学校図書館の計画立案や経営に責任がある専門的資格をもつ職員である。
　学校図書館員の役割は、国の法的、財政的な条件の下での予算や、各学校のカリキュラム、教育方針によってさまざまである。状況は異なっても、学校図書館員が効果的な図書館サービスを展開するのに必要とされる共通の知識領域は、情報資源、図書館、情報管理、および情報教育である。
　増大するネットワーク環境において、教師と児童生徒の両者に対し、学校図

書館員は多様な情報処理の技能を計画し指導ができる能力をもたなければならない。したがって、学校図書館員の専門的な継続教育と専門性の向上が必要とされる。

運営と管理

効果的で責任のもてる運営を確実にするためには、
- 学校図書館サービスの方針は、各学校のカリキュラムに関連させて、その目標、重点、サービス内容が明らかになるように策定されなければならない。
- 学校図書館は専門的基準に準拠して組織され、維持されなければならない。
- サービスは学校構成員全員が利用でき、地域社会の条件に対応して運営されなければならない。
- 教師、学校管理者幹部、行政官、両親、他館種の図書館員、情報専門家、ならびに地域社会の諸団体との協力が促進されなければならない。

宣言の履行

政府は、教育に責任をもつ省庁を通じ、この宣言の諸原則を履行する政策、方針、計画を緊急に推進すべきである。図書館員と教師の養成および継続教育において、この宣言の周知を図る諸計画が立てられなければならない。

（長倉美恵子、堀川照代　共訳）

資料VII　学校図書館年表

学校図書館	教育・社会
1946年（昭和21年）	
	3.5　第一次米国教育使節団来日 3.31 報告書提出
	11.3　「日本国憲法」公布
1947年（昭和22年）	
11.1-7　第1回読書週間	3.20　文部省、『学習指導要領一般編（試案）』発行
	3.31　「教育基本法」「学校教育法」公布 4.1 施行
	4.1　新学制の小学校・中学校発足
	5.3　「日本国憲法」施行
	6.8　日本教職員組合（日教組）結成大会
1948年（昭和23年）	
7.-　文部大臣の諮問機関として「学校図書館協議会」を設置、「学校図書館基準」の作成を開始	4.1　新学制の高等学校発足
	6.5　国立国会図書館開館
	7.10　教科書検定制度実施
12.15　文部省、『学校図書館の手引』発行	7.15　「教育委員会法」公布
	11.1　都道府県、五大都市教育委員会発足
1949年（昭和24年）	
2.15-17　東日本学校図書館講習協議会（千葉県鴨川町）	1.12　「教育公務員特例法」公布
	6.1　新学制の国立大学発足
3.2-4　西日本学校図書館講習協議会（奈良県丹波市町〈現天理市〉）	6.10　「社会教育法」公布
	11.3　湯川秀樹ノーベル物理学賞受賞
8.5　学校図書館協議会、「学校図書館基準」を文部大臣に答申	
1950年（昭和25年）	
2.27-3.1　全国学校図書館協議会（全国SLA）結成大会並びに第1回全国学校図書館研究大会（東京）	4.30　「図書館法」公布
	6.25　朝鮮戦争勃発
5.25　日本図書館協会総会で「学校図書館部会」新設発足（京都大学）	8.27　第二次米国教育使節団来日 9.22 報告書提出
9.1　全国SLA、機関誌『学校図書館』創刊	12.13　「地方公務員法」公布

学 校 図 書 館	教 育 ・ 社 会
1951年（昭和26年）	
6.6-8　第2回全国学校図書館研究大会（京都）	5.5　「児童憲章」制定宣言
8.16　「コンプトン百科事典」高等学校図書館コンクール	6.11　「産業教育振興法」公布
	7.1　文部省，『学習指導要領一般編（試案）』改訂
	9.8　「対日講和条約・日米安全保障条約」調印
	11.10-12　日教組，第1回全国教育研究大会〈教研集会〉（栃木・日光）
	12.1　「博物館法」公布
1952年（昭和27年）	
5.16　文部省，「小・中・高の司書・司書補の職員調査」	4.1　ベビーブームの子ども小学校へ入学
9.17-19　第3回全国学校図書館研究大会（神奈川・小田原）	4.28　「対日講和条約・日米安全保障条約」発効
	6.6　「中央教育審議会」設置
	8.8　「義務教育費国庫負担法」公布
	11.1　市町村教育委員会発足
1953年（昭和28年）	
4.1　兵庫県，県立各高等学校の実習助手を1名増員して学校図書館へ配置	2.1　NHK，テレビの本放送開始
8.8　「学校図書館法」公布	7.27　「朝鮮戦争休戦協定」調印
11.17-19　第4回全国学校図書館研究大会（大分・別府）	8.8　「理科教育振興法」公布
1954年（昭和29年）	
4.1　「学校図書館法」施行	5.-　日本図書館協会，「図書館の自由に関する宣言」採択
4.5　全国SLA，『学校図書館速報版』創刊	5.14　「義務教育諸学校における教育の政治的中立の確保に関する臨時措置法」「教育公務員特例法の一部改正法」（教育2法）を可決 6.3公布
8.6　文部省，「学校図書館司書教諭講習規程（省令）」公布	
8.15-31　最初の司書教諭講習（東京学芸大学・大阪学芸大学）	
10.14-16　第5回全国学校図書館研究大会（仙台）	

学　校　図　書　館	教　育　・　社　会
1955年（昭和30年）	
2.23-26　全国ＳＬＡ第1回指導者講習会（東京）	8.6　第1回原水爆禁止世界大会（広島）
6.15　全国ＳＬＡ・毎日新聞社主催，第1回青少年読書感想文全国コンクール「第1類（自由読書）〈フィクション〉・第2類（自由読書）〈ノンフィクション〉設定」	
11.14-16　第6回全国学校図書館研究大会（徳島・小松島）	
1956年（昭和31年）	
10.28-30　第7回全国学校図書館研究大会（栃木・宇都宮）	6.30　「地方教育行政の組織並びに運営に関する法律」公布
	10.1　任命制教育委員会発足
	12.18　国連総会，日本の国連加盟を可決
1957年（昭和32年）	
8.6-8　第8回全国学校図書館研究大会（札幌）	9.20　文部省，教職員の勤務評定実施通達
	10.4　ソ連，世界最初の人工衛星スプートニク打上げに成功
1958年（昭和33年）	
5.6　「学校図書館法」の一部改正で、第13条の義務教育諸学校の国の負担は「義務教育費国庫負担法」へ	5.16　テレビ受信契約数100万突破
	8.28　「学校教育法施行規則」の一部を改正して特設道徳を義務化し、『学習指導要領』を教育課程の基準とする
9.30　全国ＳＬＡ，「第1回必読図書群」発表	
11.18-20　第9回全国学校図書館研究大会（岡山）	10.1　『小学校・中学校学習指導要領』改正告示
	12.23　東京タワー完工（高さ333ｍ）
1959年（昭和34年）	
1.-　文部省，『学校図書館運営の手びき』発行、「学校図書館基準」を発表	4.10　皇太子殿下ご成婚（テレビ視聴者推定1500万人）
8.6-8　第10回全国学校図書館研究大会（東京）	10.31　文部省，初の教育白書『わが国の教育水準』発表

学校図書館	教育・社会
1960年（昭和35年）	
6.24,25 文部省，学校図書館研究協議会（東京）	1.19 「日米新安全保障条約」調印 6.23発効
7.1 東京都，都立高等学校へ専任司書教諭を配置（定員増33名）	6.19 安保改定阻止第2次実力行使
	9.10 テレビ各局，カラーテレビ本放送開始
11.17-19 第11回全国学校図書館研究大会（大阪）	10.15 『高等学校学習指導要領』改正告示
12.3 文部省，「地方財政法」の一部改正により，学校図書館事務職員の公費配置を通達	
1961年（昭和36年）	
10.3-5 第12回全国学校図書館研究大会（新潟）	4.1 小学校新学習指導要領実施
	4.1 「地方財政法の一部改正法」公布（人件費の私費負担禁止）
	4.12 ソ連宇宙船ボストーク1号（ガガーリン搭乗）地球一周飛行に成功
	6.17 「学校教育法の一部改正法」公布（5年制高等専門学校設置）
1962年（昭和37年）	
5.26 第8回青少年読書感想文全国コンクール「第3類（課題読書）〈主催者の指定図書〉を新設」	3.1 テレビ受信契約数1000万突破
	4.1 中学校新学習指導要領実施
	4.1 5年制高等専門学校発足
10.22-25 第13回全国学校図書館研究大会（松山）〈以後，地区大会と隔年に開催〉	11.30-12.2 文部省，第1回中学校教育課程研究集会（小学校は12.3-5，〈文部教研〉の初め）
1963年（昭和38年）	
4.- 各都道府県教育研究会（学校図書館部会）発足	3.31 日本図書館協会，『中小都市における公共図書館の運営』発行
	4.1 高等学校新学習指導要領実施
	4.- 文部省，教育研究団体補助金交付に関連して教育研究団体の統合を推進
	11.23 ケネディ米大統領暗殺
	12.21 「義務教育諸学校の教科用図書の無償措置法」公布
1964年（昭和39年）	
2.4,5 文部省，38年度学校図書館研究協議会〈第1回〉（東京）	2.2 文部省，小・中学校の『道徳の指導資料第1集』発行
10.28-30 第14回全国学校図書館研究大会（千葉・成田）	10.1 東海道新幹線（東京〜新大阪）開業
	10.10-24 第18回オリンピック夏季競技東京大会開催

学 校 図 書 館	教 育 ・ 社 会
1965年（昭和40年）	
2.2,3　文部省，39年度学校図書館研究協議会（東京）	5.17　「ＩＬＯ87号条約」承認、関係国内4法成立
12.9,10　文部省，40年度学校図書館研究協議会（東京）	10.21　朝永振一郎ノーベル物理学賞受賞
1966年（昭和41年）	
4.-　全国ＳＬＡ，『アメリカの学校図書館基準』発行	4.1　小学校全学年に教科書無償配布完了
6.30　「学校図書館法」の一部改正で、第2章学校図書館審議会を削除	6.14　「ＩＬＯ87号条約」発効
7.28-30　第15回全国学校図書館研究大会（鹿児島）	10.31　中教審，「後期中等教育の拡充整備について」答申
12.13,14　文部省，41年度学校図書館研究協議会（東京）	
1967年（昭和42年）	
9.1　文部省，「高等学校教職員定数法」の改正により、18学級以上の学校に学校図書館事務職員の配置を通達	12.31　テレビ受信契約数2000万を突破
12.13,14　文部省，42年度学校図書館研究協議会（東京）	
1968年（昭和43年）	
10.31-11.2　第16回全国学校図書館研究大会（名古屋）	1.29　東京大学医学部無期限スト突入
	5.27　日本大学全学共闘会議結成
12.13,14　文部省，43年度学校図書館研究協議会（東京）	7.11　『小学校学習指導要領』改正告示
	10.17　川端康成ノーベル文学賞受賞
1969年（昭和44年）	
6.14　文部省，「義務教育諸学校教職員定数法」の改正により、30学級以上の小学校及び24学級以上の中学校に学校図書館事務職員の配置を通達	1.18　東京大学安田講堂の封鎖解除
	1.20　東京大学44年度入学試験中止を決定
	4.14　『中学校学習指導要領』改正告示
	7.20　米国，アポロ11号人類初の月面着陸

学 校 図 書 館	教 育 ・ 社 会
1970年（昭和45年）	
2.4,5　文部省，44年度学校図書館研究協議会（東京）	3.15　日本万国博覧会〈大阪・千里〉開催（～9.13）
4.1　学校図書館ブックセンター（SLBC）発足	4.4　親子読書地域文庫全国連絡会結成
10.6-8　第17回全国学校図書館研究大会（山形）	5.30　日本図書館協会，『市民の図書館』発行
12.3,4　文部省，45年度学校図書館研究協議会（東京）	10.15　『高等学校学習指導要領』改正告示
1971年（昭和46年）	
12.2,3　文部省，46年度学校図書館研究協議会（東京）	3.15　山陽新幹線（新大阪～岡山）開業
	4.1　小学校新学習指導要領実施
	6.11　中教審，「学校教育の総合的な拡充整備のための基本的施策」答申
	6.17　「沖縄返還協定」調印
1972年（昭和47年）	
6.9　「学校図書館法の一部を改正する法律案」衆議院本会議を通過	1.-　国際図書年
6.16　参議院は会期切れで継続審議を可決	1.1　「教育職員給与特別措置法」実施
10.31-11.2 第18回全国学校図書館研究大会（兵庫・神戸／阪神）	2.3-13　第11回オリンピック冬季競技札幌大会開催
11.13　衆議院解散，「学校図書館法の一部を改正する法律案」は廃案	4.1　中学校新学習指導要領実施
12.4,5　文部省，47年度学校図書館研究協議会（東京）	5.5　沖縄県本土復帰
	10.5　文部省，学制百年記念式典開催（東京）
1973年（昭和48年）	
6.21　社会党，「学校図書館法の一部を改正する法律案」を参議院へ提出	4.1　高等学校新学習指導要領実施
11.15,16　文部省，48年度学校図書館研究協議会（東京）	10.23　江崎玲於奈ノーベル物理学賞受賞
1974年（昭和49年）	
5.15　第20回青少年読書感想文全国コンクール「小学校の部を低学年と高学年の2部門に分離」	2.25　「学校教育の水準の維持向上のための義務教育諸学校の教育職員の人材確保に関する特別措置法」公布
6.3　社会党提案の「学校図書館法の一部を改正する法律案」を参議院で可決衆議院で継続審議ならず廃案	6.1　「学校教育法」改正公布（教頭法制化）
8.7-9　第19回全国学校図書館研究大会（東京）	10.8　佐藤栄作ノーベル平和賞受賞
11.20,21　文部省，49年度学校図書館研究協議会（東京）	

学 校 図 書 館	教 育 ・ 社 会

1975年(昭和50年)

11.20,21　文部省，50年度学校図書館研究協議会（東京）

3.10　山陽新幹線（岡山～博多）開業

1976年(昭和51年)

8.17-19　第20回全国学校図書館研究大会（岐阜）
9.7,8　文部省，51年度学校図書館研究協議会（東京）

4.1　文部省，小学校・中学校・高等学校で主任制を実施
4.1　専修学校制度発足

1977年(昭和52年)

9.7,8　文部省，52年度学校図書館研究協議会（東京）
12.1　全国ＳＬＡ，「学校図書館数量基準〈図書資料〉」発表

7.23　『小学校・中学校学習指導要領』改正告示

1978年(昭和53年)

10.4,5　文部省，53年度学校図書館研究協議会（東京）
10.31-11.2　第21回全国学校図書館研究大会（佐賀）

5.12　図書議員連盟発足
8.12　「日中平和友好条約」調印 10.23発効
8.30　『高等学校学習指導要領』改正告示

1979年(昭和54年)

10.30-11.2　文部省，54年度学校図書館研究協議会（筑波）

1.13,14　初の国公立大学共通第一次学力試験実施
5.30　日本図書館協会，「図書館の自由に関する宣言1979年改訂」採択

学 校 図 書 館	教 育 ・ 社 会
1980 年（昭和 55 年） 　8.18-20　第 22 回全国学校図書館研究大会〈セッション方式を採用〉（盛岡） 　10.29-11.1　文部省，55 年度学校図書館研究協議会（筑波） 　11.-　ユネスコ，「学校図書館メディア奉仕宣言」批准	4.1　小学校新学習指導要領実施
1981 年（昭和 56 年） 　11.4-7　文部省，56 年度学校図書館研究協議会（筑波）	4.1　中学校新学習指導要領実施 10.19　福井謙一ノーベル化学賞受賞
1982 年（昭和 57 年） 　8.4-6　第 23 回全国学校図書館研究大会（三重・伊勢） 　10.27-30　文部省，57 年度学校図書館研究協議会（筑波）	4.1　高等学校新学習指導要領実施 6.23　東北新幹線（大宮～盛岡）開業 11.5　上越新幹線（大宮～新潟）開業
1983 年（昭和 58 年） 　3.31　文部省，『小学校，中学校における学校図書館の利用と指導』発行 　9.19-22　文部省，58 年度学校図書館研究協議会（筑波）	4.15　東京ディズニーランド開園（浦安）
1984 年（昭和 59 年） 　8.7-9　第 24 回全国学校図書館研究大会（山口） 　9.19-22　文部省，59 年度学校図書館研究協議会（筑波）	5.5　大阪府立国際児童文学館開館 9.5　臨時教育審議会発足

学 校 図 書 館	教 育 ・ 社 会

1985年（昭和60年）

8.9-11	学校図書館問題研究会結成大会（神戸）	6.8	大鳴門橋開通
9.18-20	文部省，60年度学校図書館研究協議会（東京）	8.12	日航ジャンボ＝ジェット機が御巣鷹山に墜落
		9.22	プラザ合意、バブル経済始まる

1986年（昭和61年）

8.4-6	第25回全国学校図書館研究大会（那覇）	11.21	伊豆大島の三原山噴火
8.24-29	第52回国際図書館連盟（ＩＦＬＡ）東京大会（東京）		
9.17-19	文部省，61年度学校図書館研究協議会（東京）		

1987年（昭和62年）

7.31	文部省，『小学校，中学校における読書活動とその指導』発行	4.1	国鉄分割・民営化、ＪＲグループ各社開業
9.16-18	文部省，62年度学校図書館研究協議会（東京）	8.7	臨時教育審議会、「教育政策に関する最終答申」提出　8.20　臨教審解散
		10.12	利根川進ノーベル医学生理学賞受賞

1988年（昭和63年）

8.3-5	第26回全国学校図書館研究大会（札幌）	3.13	青函トンネル開通、ＪＲ津軽海峡線開業
9.12-14	文部省，63年度学校図書館研究協議会（東京）	4.1	国土庁，東京の地価史上最高と発表
		4.10	瀬戸大橋開通、ＪＲ瀬戸大橋線開業
		7.1	文部省，社会教育局を改組して生涯学習局を設置

1989年（昭和64年＝平成元年）

9.12-14	文部省，平成元年度学校図書館研究協議会（東京）	1.7	天皇陛下崩御、皇太子明仁親王即位「平成」と改元　1.8施行
12.20	全国ＳＬＡ，『インフォメーション・パワー』発行	3.15	『小学校・中学校・高等学校学習指導要領』改正告示
		11.10	ベルリンの壁撤去始まる

学 校 図 書 館			教 育 ・ 社 会	
1990年（平成2年）				
8.7-9	第27回全国学校図書館研究大会（松江）	1.13,14	大学入試センター第1回試験実施	
9.19-21	文部省，2年度学校図書館研究協議会（東京）	9.1	国際花と緑の博覧会〈大阪・鶴見緑地〉開催（～9.30）	
		10.1	株価暴落、バブル経済破綻	
		10.3	ドイツ連邦共和国が東ドイツを統合	
		11.17	長崎の雲仙・普賢岳噴火	
1991年（平成3年）				
9.25-27	文部省，3年度学校図書館研究協議会（東京）	1.17	湾岸戦争	
10.12	「学校図書館を考える会・近畿」結成総会	8.24	ソ連共産党解散	
10.27	全国SLA，「学校図書館憲章」発表	12.25	「独立国家共同体」発足、ソ連邦の消滅を宣言	
1992年（平成4年）				
7.29-31	第28回全国学校図書館研究大会（福岡）	4.1	小学校新学習指導要領実施	
		7.1	山形新幹線（仙台～山形）開業	
9.16-18	文部省，4年度学校図書館研究協議会（東京）	9.12	公立小学校・中学校・高等学校隔週5日制実施	
10.30	文部省，公立学校の「学校図書館悉皆調査」実施　調査日10.1			
1993年（平成5年）				
3.29	文部省，「学校図書館図書標準」発表	4.1	中学校新学習指導要領実施	
		7.12	北海道南西沖地震	
4.1	文部省，「義務教育諸学校及び高等学校教職員定法法」の改正により、27学級以上の小学校、21学級以上の中学校及び12学級以上の高等学校に学校図書館事務職員の配置を通知	8.9	非自民連立内閣発足55年体制崩壊	
		12.9	子どもと本の議員連盟発足	
6.10	文部省，「公立義務教育諸学校の学校図書館の図書の購入に要する経費の地方財源措置について」通知			
9.20-22	文部省，5年度学校図書館研究協議会（東京）			
10.27	文部省，「学校図書館悉皆調査」の結果を発表			

	学　校　図　書　館		教　育　・　社　会
1994年（平成6年）			
1.5	文部省，「児童生徒の読書に関する調査研究協力者会議」発足	4.1	高等学校新学習指導要領実施
4.1	文部省，「学校図書館の基準面積」改定	10.13	大江健三郎ノーベル文学賞受賞
4.1	全国SLA，『学校図書館速報版』旬刊から月2回刊へ		
8.2-4	第29回全国学校図書館研究大会（秋田）		
9.20-22	文部省，6年度学校図書館研究協議会（東京）		
1995年（平成7年）			
8.31	文部省，「児童生徒の読書に関する調査研究協力者会議報告書」発表	1.17	阪神・淡路大震災
9.20,21	文部省，7年度学校図書館研究協議会（東京）	3.20	東京都地下鉄サリン殺人事件発生
1996年（平成8年）			
6.12	自民党，社民党，さきがけ，「学校図書館法の一部を改正する法律案」を参議院へ提出，6.18継続審議、10月衆議院解散で廃案	11.25	松尾芭蕉自筆本『奥の細道』発見
7.31-8.2	第30回全国学校図書館研究大会（埼玉・浦和）		
9.19,20	文部省，8年度学校図書館研究協議会（東京）		
1997年（平成9年）			
5.8	有志議員提出の「学校図書館法の一部を改正する法律案」参議院文教委員会で可決、5.9参議院本会議で可決、即日衆議院へ送付	10.1	長野新幹線（東京～長野）開業
5.30	「学校図書館法の一部を改正する法律案」衆議院文教委員会で可決		
6.3	「学校図書館法の一部を改正する法律案」衆議院本会議で可決、成立		
6.11	「学校図書館法の一部を改正する法律（第5条3項並びに附則2項の改正）」施行		
9.25,26	文部省，9年度学校図書館研究協議会（東京）		

	学 校 図 書 館		教 育 ・ 社 会
1998年（平成10年）			
3.18	文部省、「学校図書館司書教諭講習規程の一部を改正する省令」公布	2.7	第18回オリンピック冬季競技長野大会開催
6.12	「学校教育法」の改正により、「学校図書館法」の一部を改正、第2条に「中等教育学校前期課程、中等教育学校後期課程」を追加 11.4.1施行	4.5	明石海峡大橋開通
		12.14	『小学校・中学校学習指導要領』改正告示
8.3-5	第31回全国学校図書館研究大会（金沢）		
9.1	社団法人全国学校図書館協議会設立		
10.15,16	文部省、学校図書館活用フォーラム（西部・福岡）		
10.26,27	文部省、学校図書館活用フォーラム（東部・千葉／市川）		
10.26,27	文部省、学校図書館活用フォーラム（中部・名古屋）		
11.5,6	文部省、学校図書館活用指導者養成講座（東京）		
1999年（平成11年）			
4.1	司書教諭講習規程改正科目の実施	3.29	『高等学校学習指導要領』改正告示
4.1	第45回青少年読書感想文全国コンクール「小学校中学年の部を新設」	5.1	西瀬戸自動車道（瀬戸内しまなみ海道）開通
10.18,19	文部省、学校図書館活用フォーラム（西部・松山）	8.9	「国旗・国歌法」可決、成立
10.26,27	文部省、学校図書館活用フォーラム（東部・浦和）		
10.28,29	文部省、学校図書館活用フォーラム（中部・大阪）		
11.26	ユネスコ、「ユネスコ学校図書館宣言」批准		
11.29,30	文部省、学校図書館活用指導者養成講座（東京）		
12.22	中央省庁の改編により、「学校図書館法」の一部を改正、文部科学省、文部科学大臣と改称 12.1.6施行		

学校図書館	教育・社会
2000年（平成12年）	
3.21 全国ＳＬＡ，「学校図書館メディア基準」発表	1.- 子ども読書年
8.2-4 第32回全国学校図書館研究大会（奈良）	3.31 有珠山噴火
10.10,11 文部科学省，学校図書館活用フォーラム（西部・佐賀）	5.5 国際子ども図書館開館
11.9,10 文部科学省，学校図書館活用フォーラム（中部・兵庫／西宮）	7.18 三宅島噴火
11.30-12.1 文部科学省，学校図書館活用フォーラム（東部・神奈川／相模原）	10.6 鳥取県西部地震
12.25 同志社大学，『インフォメーション・パワー（Ⅱ）』発行	10.16 白川英樹ノーベル化学賞受賞
2001年（平成13年）	
3.1 全国ＳＬＡ，『学校図書館50年史年表』発行	3.24 芸予地震
3.30 「地方交付税法等の一部を改正する法律」により，「学校図書館法」の一部を改正，第3章国の負担の条項を全文削除し，総則事項のみになる	9.5 東京ディズニーシー開園（浦安）
	9.11 米国同時多発テロ
	10.10 野依良治ノーベル化学賞受賞
3.30 「学校図書館法施行令」廃止	12.12 「子どもの読書活動の推進に関する法律」公布
10.11,12 文部科学省，学校図書館活用フォーラム（西部・熊本）	
11.5,6 文部科学省，学校図書館活用フォーラム（中部・京都）	
11.27,28 文部科学省，学校図書館活用フォーラム（東部・新潟）	
2002年（平成14年）	
7.30-8.1 第33回全国学校図書館研究大会（横浜）	2.21 中教審，「新しい時代における教養教育の在り方について」答申
8.7 文部科学省，公立学校の「学校図書館悉皆調査」実施　調査日3.31	4.1 公立小学校・中学校・高等学校完全週5日制実施
10.23,24 文部科学省，学校図書館活用フォーラム（中部・静岡）	4.1 小学校・中学校新学習指導要領実施
10.29,30 文部科学省，学校図書館活用フォーラム（東部・福島）	10.7 国立国会図書館関西館開館
	10.8 小柴昌俊ノーベル物理学賞受賞
10.31-11.1 文部科学省，学校図書館活用フォーラム（西部・鳥取／米子）	10.9 田中耕一ノーベル化学賞受賞

索　引

―あ行―

ＩＳＢＮ(国際標準図書番号)	152
朝の10分間読書	119
浅野寅夫先生のこと	18
いす	72
一夜貸出	160
一括貸出	160
閲覧	159
閲覧机	71
親子読書会	163

―か行―

学習基本図書＜社会科＞	158
学習指導要領	17,41
学習センター	38,39,40
貸出	159
課題読書	123
課題図書	127
学級読書	121
学校教育法	16
学校教育法施行規則	17
学校経営と学校図書館	49
学校司書	27,59,60,165
学校図書館運営委員会	57
『学校図書館運営の手びき』	28,184
『学校図書館学概論』	184
学校図書館基準	27,28,189
学校図書館教育	80
学校図書館司書教諭講習規程	26,90,194
学校図書館事務職員	59,189
学校図書館数量基準	30,65
学校図書館総括表	66
学校図書館図書標準	30,65,195
学校図書館年表	205
学校図書館の意義	21,37
学校図書館の運用	135
学校図書館の活動	155
学校図書館の機能	38,40
学校図書館の行事活動	163
学校図書館の経営	49
学校図書館の経営計画	50,51
学校図書館の支援活動	156
学校図書館の施設と設備	68
学校図書館の資料と経費	61
学校図書館の組織と職員	53
学校図書館の退潮	30
学校図書館の誕生	11,12
学校図書館の調査と評価	72
『学校図書館の手引』	15,20,184
学校図書館の読書教育	82,83,110
学校図書館の特性	35
学校図書館の奉仕活動	159
学校図書館のボランティア	171
学校図書館の役割	113
学校図書館の予算編成	64
学校図書館の利用教育	82,83,89

索引　219

学校図書館の利用教育・読書教育体系表	98,99
学校図書館の利用教育・読書教育の授業	98,100
『学校図書館の利用―授業資料―』	156
学校図書館の利用と指導のための指導事項	93,98
学校図書館評価表	73,74
学校図書館評価表の評価事例	73,75
学校図書館法	23,187
『学校図書館法の解説』	184
学校図書館メディア	61,62
学校図書館メディア基準	30,65,196
学校図書館メディアの構成	135
学校図書館メディアの種類	61
学校図書館メディアの組織化	143
学校図書館メディアを利用する授業	82,84,103
『学校図書館論』	185
学校図書館を利用する授業	79,82,83
『学校の図書館』	184
巻冊番号	145
関西学院高等部図書館	69,70
機械可読目録（MARC）	150
聞かせ読み	120
記述ユニットカードの記載位置	151
記述ユニットカードの記載例	151
記述ユニット方式	150
基本図書	136
教育課程	49,61
教育思潮の変遷	41,42
教材センター	14,39,40,61
共同読書	121
協力教授方式	167
件名標目表	153
件名目録	150,152
コア・カリキュラム	12,43
コア・カリキュラム学習	18,42
公共図書館	35,36,40,138
広報活動	162
校務分掌	53,55
国際標準図書番号（ISBN）	152
コンクール活動	164
コンピュータ方式	160

―さ行―

参考図書	137,153
『自学能力を高める学校図書館の利用指導』	185
司書	166
司書教諭	27,29,59,60,165,166
司書教諭の授業計画	167,168
司書教諭の発令	173,175,178
指定読書	123
社会科	11,42
社会科学習計画	85,86
事務助手	27,29,59
自由研究	12,42,43
集団読書	121
周辺図書	136
授業＝学習過程	81,85,103
授業予定表	170,171

生涯学習	81
『小学校図書館の学習基本図書』	157
『小学校図書館の本』	157
小学校図書分類表	146
『小学校における学校図書館の利用指導』	90,185
情報センター	38
書架	71
書架目録	150,152
所在記号	145
書名目録	150
調べ学習	85,123
調べ読書	122
資料案内	161
「資料・情報を活用する学び方の指導」体系表	94,98
資料選択委員会	57
ストーリーテリング	118
請求記号	145
全国学校図書館協議会	24,29
総合的な学習の時間	47,84

―た行―

中学校図書分類表	148
著者目録	150
動機づけ読書	118
読書会活動	163
読書科カリキュラム	102,103
読書学習指導案	122,128
読書感想画	134
読書感想文	127,132
読書技術	112,118
読書教育の意義	112
読書教育の計画	117
読書教育の指導段階	115
読書教育の授業	82,83,100,117
読書記録	125
『読書指導―原理と方法』	184
『読書術』	186
読書センター	39,40
読書相談	161
読書短冊	126
読書のアニマシオン	120
読書能力の発達段階	114
読書発表会	164
読書ゆうびん	134
読書レポート	126,130
図書委員会活動	162
図書館教育	79,80,83,89
『図書館と私たち』	89
図書館部	57
図書記号	145
図書資料構成の基本的な考え方	136,137
図書資料の更新	141
図書資料の構成	135,136
図書資料の選択	138
図書資料の選択情報	139
図書資料の選択方針	139
図書資料の配架	153
図書資料の廃棄基準	142
図書資料の分類	144
図書資料の目録	150

索引

―な行―

西宮市立小学校教科等研究会	
学校図書館部会	66
西宮市小学校図書館総括表	66,67
日本十進分類法（NDC）	144
『日本における教育改革の進展』	15
日本目録規則（NCR）	150
ニュアーク式	160

―は行―

パネルシアター	119
標目指示	151,152
複本	137,145
ブックカード式	160
ブックトーク	121
ブラウン式	160
文化センター	39
文教委員会議録	176
分類基準	145
分類規程	145
分類番号	144
分類表	144
分類目録	150
米国教育使節団	11,13
ペープサート	119
別置記号	145
奉仕センター	39,40
『本を読む子・読まない子』	114,185
『本を読む本』	186

―ま行―

マンガ	112
メディア・センター	39,61
目録作業	150
目録の配列	153

―や行―

ユネスコ学校図書館宣言	37,155,201
読み聞かせ	120
『読み聞かせ　この素晴らしい世界』	186
予約制度	161
『読んでごらんおもしろいよ』	157

―ら行―

リクエスト制度	161
リソース・センター	138
利用学習指導案	108
利用学習（社会科）指導案	106
利用教育の計画	97
利用教育の授業	82,83,100,103
利用教育の内容	95
利用教育の変遷	89
レファレンス・サービス	162
『レポートの組み立て方』	185
朗読	121

著者略歴

澤　利政（さわ　としまさ）

(1927-2011)　兵庫県生まれ
　小学校、中学校、高等学校、西宮市教育委員会事務局、兵庫県教育委員会事務局などの勤務を経て、1988年3月、西宮市公立小学校を定年で退職する。
　その間に、司書教諭、学校図書館担当指導主事、西宮市学校図書館協議会会長、兵庫県学校図書館協議会会長、全国学校図書館協議会副会長などに就任する。
　1988年4月から、京都教育大学、大阪教育大学、関西学院大学、京都光華女子大学、神戸親和女子大学で、非常勤講師として「学校図書館学」を担当し、京都教育大学、奈良教育大学、大阪教育大学、兵庫県立教育研修所、神戸市総合教育センターで、「学校図書館司書教諭講習」の講師を務める。

元　　兵庫県学校図書館協議会顧問
　　　芦屋市立図書館協議会委員
著書　『兵庫県学校図書館史』（規文堂）
共著　『図書館は　いま　白書・日本の図書館　1997』（日本図書館協会）
　　　『司書教諭の任務と職務』（全国学校図書館協議会）

学びを豊かにする学校図書館

2004年2月25日初版第一刷発行
2011年9月　1日初版第四刷発行

著　者　　澤　利政
発行者　　田中きく代
発行所　　関西学院大学出版会
所在地　　〒662-0891 兵庫県西宮市上ケ原一番町1-155
電　話　　0798-53-7002

印　刷　　協和印刷株式会社

©2004 Toshimasa Sawa
Printed in Japan by Kwansei Gakuin University Press
ISBN978-4-907654-57-3
乱丁・落丁本はお取り替えいたします。
http://www.kwansei.ac.jp/press